PALESTINA:

CRÓNICA DE UNA TRAGEDIA PLANEADA

Por

Kassem Asmar Castellanos

© Palestina: Crónica de una tragedia planeada

©Kassem Asmar Castellanos

ISBN: 10: 149972912X
ISBN-13:978-1499729122

CONTENIDO

INTRODUCCIÓN

Habitualmente, escuchamos de los diferentes sectores de la sociedad, opiniones coincidentes en el sentido de la complejidad para poder entender el conflicto del Medio Oriente y concretamente el conflicto palestino-israelí. Pues bien, la razón fundamental de esta obra es la de exponer de la manera más diáfana y clara, el conflicto que durante muchos años y décadas, ha involucrado a árabes e israelíes y más puntualmente a los palestinos, desde una perspectiva amplia pero a la misma vez muy sucinta de tal forma que recorre los diferentes ámbitos de la historia contemporánea, pretendiendo que los detalles más trascendentales de esa problemática, sea tenido en cuenta con tanta nitidez que el entender de sus diferentes contenidos sea fácil.

El estilo semántico que se usó en la elaboración de este libro es sencillo, con la finalidad de ser accesible para cualquier segmento de la sociedad y se tuvo en cuenta los hechos más importantes que desde el punto de vista del autor, no se debían omitir y por lo tanto el recorrido cronológico que explica los diferentes procesos conflictivos de la problemática palestina, en ningún caso reviste improvisación alguna como quiera que la seriedad y el empeño investigativo fueron herramientas que el autor tuvo en cuenta en cada una de las temáticas contenidas en esta obra.

Tengo el grato placer de poner a consideración de toda la sociedad colombiana y latinoamericana, independientemente del nivel cultural y educativo del lector, mi obra titulada "Palestina: Crónica de una tragedia planeada", en la cual se narra el conflicto desde su inicio en 1897 cuando se realizó el primer Congreso sionista mundial liderado por Theodor Herzel donde se trazaron los primeros lineamientos conspiratorios contra los palestinos, cuyo objetivo siempre ha sido el de apoderarse de cada rincón de los territorios palestinos. Hasta las fechas más recientes que muestran una serie de Cumbres, reuniones y conversaciones de paz entre palestinos e israelíes pero que han terminado en tremendos fracasos.

Con el ánimo de evitar suspicacias y dudas acerca del contenido de este libro, los invito a poner a prueba cada párrafo de este interesante trabajo, contrastándolo con las innumerables fuentes que existen sobre el tema en mención y que están al alcance de todo lector, por lo tanto, reitero la invitación a aplazar cualquier crítica hacia mí, sin antes haber hecho un estudio y análisis serio sobre el particular.

Kassem Asmar Castellanos   Enero del 2014

Por Kassem Asmar Castellanos

1. EXPLICACIÓN GENERAL DEL CONFLICTO

EL COMIENZO DEL PROBLEMA PALESTINO

La problemática del Medio Oriente involucra varios países árabes con Israel aunque esencialmente a los palestinos y sirios por estar en estos momentos directamente ligados al conflicto. Desde su comienzo, los palestinos y judíos fueron los protagonistas de lo que más tarde se convertiría en uno de los episodios antagónicos más largos de la era contemporánea que empezó a finales del siglo XIX y su prolongación sigue bien entrado al siglo XXI, teniendo como testigos las diferentes descendencias generacionales que bajo el amparo de la esperanza, no pierden la fe de gritar algún día "Por fin Palestina está libre de toda ocupación".

Surgen muchas preguntas que rodean el problema palestino-israelí pero tal vez la inquietud ineludible que más formulan las diferentes sociedades es la siguiente, ¿cómo comenzó el conflicto palestino-israelí? Para responder a ese interrogante, obligatoriamente tenemos que hacer un viraje retrospectivo para analizar los acontecimientos de finales del siglo XIX y principios del siglo XX que nos permitan entender la razón y las causas de su inicio.

A finales del siglo XIX, un movimiento ideológico con tendencia nacionalista-religioso había surgido en Europa y cuya visión, fundamentalmente, se centró en la elaboración de un ambicioso proyecto cuya finalidad fue el de crear un Estado para los Judíos que vivían en muchos lugares del mundo, especialmente en Europa. Este movimiento fue conocido como el sionismo. Aunque al principio, el sionismo se presentó como un movimiento político y esta figura fue puesta en duda debido al elemento predominantemente religioso en su ideología.

Después de una serie de reuniones de diferentes líderes sionistas, entre ellos se encontraba su máxima figura el húngaro Theodor Herzel, acordaron que el mejor lugar para fundar una patria para el pueblo Judío era Palestina por una razón elemental que ellos habían puesto en consideración, que la raíz de la religión Judía se encontraba arraigada en esa tierra. De ahí que no hay duda que la base de ese proyecto sionista fue eminentemente religioso.

Incluso hoy en día, muchos no dudan en calificar al Estado de Israel de racista toda vez que su programa sionista otorga la nacionalidad Israelí a todo aquel que profesa la religión Judía y eso reafirma más el hecho de que el movimiento sionista tiene su base cimentada en dogmas religiosos más que cualquier otro precepto ideológico. Por otro lado no es difícil concluir que el movimiento sionista por sus diferentes tendencias, es un movimiento fanático.

Aunque mucho antes del primer encuentro sionista que organizó Theodor Herzel, ya se había hablado de un hogar para los judíos en Palestina pero quien le dio un reconocimiento a nivel mundial como una Organización sionista propiamente dicha, fue Herzel en 1897 cuando convocó a un gran Congreso de las corrientes sionistas de diferentes partes y a partir de ahí se empezó a hablar de Organización sionista mundial.

Es de señalar que una década antes de ese primer Congreso, ya se había materializado la idea con las primeras emigraciones judías a Palestina aunque en escala menor. Pero las pretensiones del movimiento mundial sionista iban más allá de la intrínseca idea de crear un hogar o Estado para los judíos en Palestina. En sus objetivos, siempre estuvo latente la firme convicción que ese proyecto nacionalista debería abarcar la totalidad de Palestina porque desde la perspectiva de la interpretación sionista de las Sagradas Escrituras "así debería ser", como también deberían ser expulsados sus antiguos moradores que eran los árabes palestinos.

¿Cuál fue entonces el primer punto que se debía llevar a cabo acorde a los objetivos globales del movimiento sionista mundial que se trazaron a finales del siglo XIX?, emprender y regularizar continuas migraciones judías desde diferentes lugares de Europa hacia Palestina y esa tarea siempre estuvo acompañada de mucha prudencia y astucia para no levantar sospecha entre la población Árabe en Palestina debido a que se estaba vendiendo la idea que eran emigrantes cuyas intenciones no iban más allá de ir a trabajar en cuestiones agrícolas.

Por Kassem Asmar Castellanos

Obviamente que la tarea era difícil teniendo en cuenta la casi total ausencia de moradores judíos en la zona y particularmente en Palestina. A finales del siglo XIX, el total de la población en Palestina era de 460.000 habitantes, de los cuales solo el 5% eran judíos y el resto eran árabes palestinos.

En ese entonces, toda esa región estaba bajo dominio del imperio otomano (actual Turquía) que llevaban varios siglos allá. En todo caso, todos los que vivían en Palestina que eran mayoritariamente conformados por árabes palestinos y en muy menor grado por judíos, hacían parte del imperio otomano. Es de aclarar que los otomanos tomaron el control de Siria, Líbano, Irak, Jordania y parte de Egipto, aunque es pertinente señalar que el mapa geográfico de Palestina en la época en que el imperio otomano ejercía su ocupación, fue diferente a lo que hoy llamamos Palestina, debido a que en ese entonces comprendía parte de Siria, Líbano y Jordania. Esa región era conocida como la gran provincia de Siria.

También es imperativo subrayar que tanto cristianos como judíos y musulmanes convivían sin mayores inconvenientes en la región, hasta que la Organización sionista mundial formalizó su intención plagada de extrema maldad. A partir de ahí el curso de la historia de esa parte del Medio Oriente, cambió para siempre.

Los árabes palestinos que provienen del nombre "Filisteos" siempre estuvieron a lo largo de siglos en esa región conocida como Palestina aunque desgraciadamente no queda sino el 22% de lo que fue Palestina antes de los continuos zarpazos sionistas, con la colaboración y participación de británicos y norteamericanos que contribuyeron a cambiar el mapa geográfico palestino, con el robo ni más ni menos del 78% de Palestina hasta principios de 1948 y con un particular cinismo de mostrar su intención de apropiarse hasta del ultimo metro cuadrado de Palestina como efectivamente ocurrió. Pero ¿Quiénes son los palestinos? A diferencia de lo que dicen la mayoría de los judíos que quieren invertir la ecuación al referirse a los palestinos como gente sin historia ni cultura propia, una mentira y engaño descomunal propio de las tácticas sionistas, pero teniendo en cuenta que Israel tiene aspiración de apropiarse de la totalidad de Palestina y encima de eso descalificar la cultura y origen del pueblo palestino. Eso nos da la verdadera dimensión de las intenciones del sionismo de configurar una historia reeditada con engaños para justificar sus criminales propósitos contra el pueblo palestino, tal como figura en las actas de la Organización sionista lideradas por Theodor Herzel y Ben Gurion.

Los palestinos son un pueblo que se asentó en Palestina hace muchos siglos y por razones obvias, adoptaban diferentes religiones y creencias acorde a los periodos de conquista de la que eran objeto, pero en ningún caso se puede decir que no es un pueblo con un origen arraigado, pues adoptó diversas religiones entre ellas la religión Judía, después la cristiana y en la época del auge del islamismo con el dominio árabe de la región en el siglo VII, los palestinos adoptaron definitivamente la religión del Islam o musulmana.

Desde hace muchos siglos se les llama árabe-palestinos para hacer la distinción de la cultura y del idioma, más no de la religión pues si bien entre los palestinos la mayoría son musulmanes, es cierto también que hay muchos cristianos entre los cuales se encuentra una población muy famosa que es Belén, donde sus habitantes son eminentemente cristianos, entonces ¿Qué hace que una reivindicación sea válida a la hora de pretender defender los derechos de un pueblo sobre algún territorio específico?, obviamente su vínculo continuo sobre la tierra que corrobora que se han echado raíces a través de los siglos y además que se pueda apreciar e identificar una cultura y un idioma perfectamente distinguibles y por lo tanto, los palestinos cumplen con todas las normas civilizadas del ordenamiento jurídico internacional que va en contra de los maquiavélicos acuerdos trazados por los lideres sionistas para hacerse al control absoluto de Palestina a las buenas o a las malas con el argumento patético que sencillamente se trata de un "Mandato Divino".

Una de las traiciones que más duele proviene precisamente de aquel que al ser bien recibido y acogido en el seno de un hogar, éste último recibe una puñalada en señal de gratitud. Esto fue lo que precisamente recibieron los palestinos que acogieron pacíficamente las primeras migraciones judías en Palestina, pues el argumento central fue que necesitaban trabajar en los menesteres de la agricultura, a lo cual los palestinos no se opusieron pero ya entrado al siglo XX, los hechos mostraban un panorama completamente diferente, debido a que cada vez había

Por Kassem Asmar Castellanos

más evidente demostración de lo que se estaba fraguando, iba mucho más allá de simples intenciones de plantar tomates y papas, pues ya los tentáculos del sionismo daban sus primeros zarpazos efectivos al comenzar, de manera eficiente, a apoderarse de las primeras porciones territoriales con el beneplácito de los recién llegados británicos, obligando a que ciertos palestinos indignados, mostrasen sus primeras reacciones y enfrentamientos como expresión de resistencia hacia el incipiente expansionismo sionista pero que en términos de resultados, salían más airosos los judíos que ya habían recibido provisiones bélicas por parte de los Británicos, algo que se mantuvo como una constante hasta las postrimerías del final de la conflagración de la Segunda Guerra Mundial.

Por Kassem Asmar Castellanos

EL ARGUMENTO SIONISTA DE UN LEGADO HISTÓRICO SEGÚN UN "MANDATO DIVINO"

El sionismo tiene como principal representante y creador al húngaro Theodor Herzel, que a diferencia de los más contemporáneos judíos donde pretenden justificar la creación de un Estado judío en Palestina por cuestiones de un "Mandato divino" y por las continuas persecuciones al que ha sido objeto el pueblo Judío a lo largo de la historia, Herzel añade algo que va más allá de estos supuestos, ya que su preocupación era separarlos de los que no eran judíos por medio de la asignación de una patria exclusivamente para los judíos y obviamente no podía darse una salvedad sin mencionar el famosísimo "Mandato divino" al que tenían derecho en Palestina. En últimas, esto ratifica que el máximo representante del sionismo era consciente que el problema a finales del siglo XIX y comienzos del XX, no era cuestión de persecuciones contra los judíos, salvo hechos muy contados.

Lo acontecido en la Segunda Guerra Mundial con los actos demenciales del régimen nazi, no se debe tener en cuenta como algo generalizado en contra del pueblo judío debido a que ese sentimiento de odio perteneció a una cúpula de secuaces del régimen hitleriano, con ausencia total de cualquier sensibilidad humana donde las matanzas se circunscribían como aspectos estadísticos, pues no hay que olvidar que ese mismo régimen demencial mató a más de 16 millones de rusos y con esto no se trata de minimizar la situación apocalíptica que padeció el pueblo Judío en el holocausto de la última guerra mundial en manos del régimen nazi. Lo que se procura enfatizar es que no se debe justificar lo injustificable a partir de los terribles sucesos del holocausto y pretender volver ese acontecimiento como un marco general valedero y mostrarlo como una persecución a gran escala de diferentes horizontes frente al pueblo Judío, que lo obligó a buscar como solución una patria en palestina con el visto bueno de unos contenidos del antiguo testamento. Lo anterior queda demostrado cuando el mismo Theodor Herzel dice textualmente: "la solución de la cuestión Judía no consistía en luchar para acabar con el antisemitismo y conseguir la total igualdad de los judíos en los países donde vivían, sino en separar a los judíos de los que no lo eran..."

16

Por Kassem Asmar Castellanos

De lo anterior podemos concluir que los mismos argumentos y contenidos del movimiento sionista mundial, explican con clara nitidez que la cuestión de establecer una patria en Palestina a costa de los árabes-palestinos, era una cuestión que iba mucho más allá de las vivencias cotidianas que los judíos tenían en los países donde eran oriundos.

Todo esto nos lleva a un cause cuyo contenido nos señala que la razón fundamental de crear un Estado judío en Palestina, para nada tiene relación con las persecuciones que sufrieron los judíos en épocas remotas, sino que la "justificación" primordial está en el hecho que el movimiento sionista pretende sentenciar desde un ángulo netamente religioso donde, Palestina es de los judíos por "Mandato Divino" y por lo tanto los únicos con derecho a vivir en Palestina son aquellos que profesan la religión judía. En otras palabras, un converso judío que profesa la religión Judía recientemente, tiene más derecho en Palestina que un palestino que tiene raíces arraigadas de descendencia de muchos siglos. Obviamente que esto nos da el derecho de pensar que el manifiesto sionista fue redactado con tintes claramente racistas y sectaria al anteponer la supremacía de la raza judía, pisoteando los derechos del pueblo palestino sobre su territorio. De modo que partiendo de ese orden de conceptos el sionismo más que un movimiento político es un movimiento radicalmente religioso y racista y sobre ese particular, el líder de la lucha pacífica y la desobediencia civil contra los británicos, el Mahatma Gandhi dijo a finales de 1938: "Palestina pertenece a los árabes en el mismo sentido que Inglaterra pertenece a los ingleses o Francia a los franceses. Es falso e inhumano imponer los judíos a los árabes y no cabe duda de que sería un crimen contra la humanidad, humillar a los orgullosos habitantes árabes de Palestina a fin de que los judíos puedan restaurar en parte o totalmente su hogar nacional".

"Mi simpatía no me ciega a las exigencias de la justicia. El clamor de los judíos de su Estado no tiene mucho atractivo para mí. Se apoyan en la Biblia para solicitar con tenacidad su retorno a Palestina, pero la Biblia es la primera etapa de su religión que ha pasado por muchas otras como las religiones cristiana o budista.

Por Kassem Asmar Castellanos

Ahora bien la pregunta es ¿Por qué no hacen su Estado en el país de origen, al igual que otros pueblos de la tierra, donde han nacido y donde se ganan la vida?"

El sionismo ha aprovechado el tema de la religión para hacer apología a toda forma de injusticia e ilegalidades contra los palestinos con el propósito, abiertamente manifiesto, de quedarse con sus tierras. Nunca antes, un grupo de fanáticos había usado la religión con tanta vehemencia para ocasionar tanto perjuicio y tanta maldad como lo ha venido haciendo el movimiento sionista mundial y el Estado de Israel contra el pueblo palestino, que ya lleva más de 110 años desde que ese nefasto plan entró en funcionamiento a finales del siglo XIX.

Está más que demostrado que Israel ha erigido sus cimientos en virtud de la manipulación de la propia historia judaica, tratando de respaldar su tesis desgastada con efímeros fundamentos tan irracionales que termina derrumbándose por el peso de sus mentiras. Así como la creencia musulmana o cristiana son religiones y no una nacionalidad, lo mismo ocurre con la religión judía. Luego, los movimientos sionistas presentan a los judíos ya no como religión sino como una nacionalidad, con el fin de justificar el asalto cometido a los territorios palestinos y seguir ocupándolas a través de las interminables migraciones de judíos a Palestina.

En conclusión, es una descomunal farsa que el judaísmo se deba mirar con una óptica diferente a lo que es, es decir, una religión. De modo que ninguna sociedad que sigue determinada fe, se puede escudar con el contenido de las palabras sagradas de su religión, para cometer atropellos e injusticias contra otro pueblo con el argumento patético que están siguiendo un "Mandato divino", y por si no fuera suficiente este engaño, añaden otra "justificación" a su alevoso proyecto con esta triste frase célebre "una tierra sin pueblo para un pueblo sin tierra", por medio de la cual tratan de demostrar que Palestina era prácticamente un territorio deshabitado cuando los judíos comenzaron a llegar ahí. Obviamente que semejante farsa no podía perdurar en los anales de los registros históricos, ni mucho menos cambiar los auténticos registros originales de la historia.

Por Kassem Asmar Castellanos

La Resolución 3379 de la Asamblea General de la ONU, aprobó a finales de 1975 un pronunciamiento y condena a las prácticas sionistas catalogándolas de racista, pero ante la constante presión de organizaciones judías y del mismo presidente Bush, esa Resolución fue revocada 16 años después, es decir, en 1991. Las circunstancias que rodearon su revocatoria, para asombro de todos, de un altísimo contenido de chantaje y descaro, comenzó cuando a finales de 1991, la Unión Soviética y Estados Unidos, con el auspicio de España, habían convocado una conferencia de paz para el Medio Oriente, conocida como la Conferencia de Paz de Madrid. Israel puso como condición para su asistencia que la Resolución 3379 acerca del sionismo, fuese revocada y así sucedió.

Volviendo al tema, Herzel organizó en Suiza en 1897 el primer Congreso sionista. Para lograr su cometido, buscó el apoyo de Gran Bretaña para que ayudasen en la fundación y creación de una patria para los judíos en Palestina. Ante semejante propuesta, los ingleses hicieron un ofrecimiento de un territorio en algún lugar deshabitado de Uganda pero los sionistas dieron a entender que debía ser en Palestina.

Por Kassem Asmar Castellanos

EL INICIO FORMAL DE LAS MIGRACIONES JUDÍAS Y LA DECLARACIÓN DE BALFOUR

Después de la Revolución Rusa, muchos judíos se sintieron perseguidos y esa coyuntura fue aprovechada por el sionismo, convenciéndolos que se fueran a Palestina. Estas y otras migraciones provenientes de otros lugares, sumaban constantemente. A mediados de 1914 había aproximadamente 90.000 judíos en Palestina y todo indicaba que el aumento era constante. La presión de los movimientos sionistas en Europa dio su fruto ya que lograron promover y sacar adelante una iniciativa conocida como la declaración de Balfour, haciendo alusión a su creador Arthur Balfour que en ese entonces se desempeñaba como Secretario de Asuntos Exteriores de Gran Bretaña y que en noviembre de 1917, hizo una explosiva declaración llena de descaro, cinismo, provocación y desde luego, de lenguaje imperialista cuando dijo que Gran Bretaña apoyaba la idea de crear una nación judía en Palestina. Tan pronto el político inglés pronunció ese "mágico discurso", muchos judíos siguieron llegando a Palestina y no propiamente para cuestiones turísticas sino para arrebatarles las tierras a los palestinos. Pocos años después, los árabes-palestinos se dieron cuenta de la dimensión del ultraje y comenzaron a protestar pero todo señalaba que el proceso sionista de apoderarse de Palestina se parecía a una locomotora sin frenos y la suerte ya estaba echada.

La pregunta es ¿Cómo se involucró Gran Bretaña en Palestina? Dada la condición de los árabes en toda esa región del Medio Oriente bajo el dominio del imperio otomano durante cuatro siglos, la idea de territorios con independencias calaba cada vez más en la mente de sus líderes. Este nuevo escenario anímico de la región fue aprovechado por los británicos que no ahorraron esfuerzos por proponer una alianza para enfrentar en una contienda bélica a los otomanos, a cambio, los Británicos prometieron que una vez derrotados los otomanos, estos se comprometían a trabajar en favor de las independencias de las diferentes regiones o territorios árabes. Pero en la realidad, los ingleses tenían otros planes pues habían hecho esa promesa a los árabes con la simple y trascendente razón de obtener el visto bueno de la región para involucrarse de lleno, pues había otras ambiciones encarnadas dentro del pensamiento imperialista británico que no tenían ni la más mínima relación con las aspiraciones independentistas árabes. Es prudente señalar que durante la confrontación contra el imperio otomano, paralelamente se estableció un acuerdo secreto entre Gran Bretaña y Francia para repartirse gran parte del Medio Oriente al mejor estilo de una verdadera piñata. Una vez derrotado el imperio otomano la repartición se haría de la siguiente manera: Francia se quedaría con lo que hoy se conoce como Siria y el Líbano y parte de Irak y los británicos se quedarían ejerciendo presencia e influencia en gran parte de Irak, Irán y lo que hoy se conoce como Palestina.

Lo que al principio fue para los árabes un entusiasmo y ánimo de mucho jolgorio al creer en las promesas británicas, terminó siendo una gran decepción cuando se dieron cuenta en el paseo en que se habían metido una vez derrotados los otomanos y cuando se evidenció el descomunal engaño inglés, la metamorfosis del estado anímico de los árabes de la región, fue total pues pasaron de una situación de notable regocijo, a un estado de decepción y desanimo absoluto y no era para menos.

Por si fuera poco, los ingleses que ya tenían "derecho" a administrar la zona acorde a su óptica imperialista, sin mucha necesidad de consultar a cercanos y lejanos, no vieron tantas dificultades en decirle a los judíos que podían establecer una patria en Palestina, pues tanta generosidad no podía salir sino del representante del gobierno británico Arthur Balfour que con un marcado tono lleno de burla hacia los árabes, incluyó la frase que un hogar para los judíos en palestina implicaba que "no debía haber perjuicio de los derechos civiles y religiosos de las otras comunidades en Palestina", tan comprensivo ¿verdad? Pero aclaremos que no solo el permiso que los ingleses recibieron de los árabes fue suficiente para que estos entrasen en la región, pues hubo una metida de pata bestial que cometieron los otomanos al aliarse al bando Alemán en la primera guerra mundial y dio la excusa perfecta para que los ingleses, con el pretexto de combatirlos, afianzasen su presencia en la región, tal como quedó demostrado después de finalizada la primera guerra mundial.

Por Kassem Asmar Castellanos

La declaración de Balfour que en ese entonces se entendía que provenía de la primera potencia mundial, se consideró una verdadera humillación para los árabes de la región y particularmente para los árabes-palestinos. De hecho que esa declaración constituía luz verde para la llegada sin interrupción de más judíos a palestina pues ya en 1928 se estimaban en 150.000 los judíos establecidos en Palestina.

Con el ascenso de Adolfo Hitler en el poder, aumentaron masivamente las migraciones judías a palestina, pero además el contrabando de armas estaba a la orden del día para dotar a la población judía, con el fin no solamente de consolidar su presencia en Palestina, sino que además y en lo posible expandirse tal como lo habían trazado los sionistas. El panorama se pintaba de la siguiente manera; el equilibrio de fuerzas se inclinaba a favor de los judíos y sus grupos radicales de hostigamiento en formación, empezaron a crear terror. Cada vez aumentaban las confrontaciones entre árabes y judíos.

Los ingleses dando muestra de preocupación y ante las evidencias claras de las verdaderas intenciones de los sionistas de ejercer control sobre Palestina, hasta donde sus capacidades lo permitían, las autoridades británicas se enfurecieron y anularon la declaración de Balfour, pero ¿acaso en la práctica tenía algún sentido después de haber entrado en vigor durante más de 20 años?

De todas formas, los judíos radicados en Palestina interpretaron ese amague inglés como posible alianza con los árabes y comenzaron a atacar posiciones británicas. El más famoso y recordado fue el que perpetraron en un cuartel de funcionarios británicos cuya instalación se encontraba en el reconocido hotel el Rey David en Jerusalén donde las cuadrillas terroristas de Menahim Begin instalaron explosivos y volaron parte del hotel. El saldo fue de 90 muertos y las autoridades políticas en Londres entendieron que la situación estaba fuera de control y pivotearon el conflicto de por sí bastante complicado, precisamente por la injerencia británica a través de la declaración de Balfour, a las Naciones Unidas en 1947.

Por Kassem Asmar Castellanos

Si el movimiento sionista para afianzar su maquiavélico plan de apoderarse de Palestina se dio gracias al concurso de Gran Bretaña, lo que vino después de la Segunda Guerra Mundial, siguió hundiendo más en desgracia a los árabes y particularmente a los palestinos, con el apoyo de otra nación imperialista más poderosa, a la causa expansionista y criminal del movimiento sionista, ese imperio se llama Estados Unidos.

Por Kassem Asmar Castellanos

PALESTINA Y LA ETAPA POSTERIOR A LA SEGUNDA GUERRA MUNDIAL

Debido a las sucesivas migraciones judías de Europa a Palestina, estas aumentaron considerablemente hasta llegar a contabilizarse un tercio del total de la población residente en Palestina pero seguían siendo mucho menor en comparación a los árabes-palestinos que eran más del 65% del total de la población, además los palestinos seguían siendo los dueños de la mayoría de las tierras en Palestina, a pesar del saqueo territorial al que fueron víctimas desde el inicio del siglo XX. Recordemos que en este periodo la población palestina controlaba el 90% de las tierras en Palestina mientras que la población judía apenas se aproximaba al 10%. Sin embargo, en 1947 la Asamblea General de la ONU y de manera abusiva con evidente favorecimiento a las aspiraciones judías, resolvió otorgarles el 56% del territorio palestino de un plumazo, hecho que exacerbó los ánimos de todos los árabes de la región que sin pensarlo dos veces, rechazaron semejante despropósito. La tensión aumentaba e inmediatamente después de que Ben Gurion diera lectura al acta de la declaración de la independencia de Israel, tropas pertenecientes a Siria, Egipto e Irak se adentraron al recién creado Estado de Israel. El inicio de la primera guerra entre árabes e israelíes fue una realidad, como también fue una realidad la supremacía bélica sionista para afrontar esa situación pues se venían preparando para esa clase de eventualidades con armamento muchísimo más sofisticado que la que disponían los árabes, aunque estos últimos eran considerablemente mayores en números, no podían hacer frente a una más organizada fuerza militar israelí en preparación y en dotación militar.

Pero volviendo a poner de relieve las auténticas aspiraciones sionistas sobre Palestina donde pretenden con cierto eufemismo justificar su cada vez menos creíble alegato histórico que lo único que quieren es cumplir con una exigencia consignada en las Sagradas Escrituras del antiguo testamento donde supuestamente le da potestad al pueblo judío con el ya muy trillado "Mandato divino" de cometer un asalto a las malas al territorio palestino. Van más allá cuando las organizaciones sionistas certifican con puño y letra que no pueden eludir el derecho natural e histórico que les corresponde y que es el

Por Kassem Asmar Castellanos

retorno a su tierra "La tierra prometida", después de haber sido expulsados por los romanos a principios de la era cristiana. El hecho histórico que pretenden ocultar es que los pocos judíos que quedaron, la mayoría se acogieron al cristianismo y luego cuando los mensajeros de la corriente musulmana llegaron a la mayoría de las regiones del Medio Oriente incluyendo Palestina en el siglo séptimo, muchos judíos y cristianos adoptaron esa nueva fe religiosa en Palestina por lo que contradice abiertamente las pretensiones sionistas que esas tierras estaban deshabitadas cuando ellos comenzaron a llegar a finales del siglo XIX y principios del XX. Los mismos judíos reconocen que estuvieron ausentes durante casi 2000 años desde que fueron expulsados de Palestina por el Imperio Romano, acaso ¿no es prueba fehaciente que los palestinos llevaban siglos de manera ininterrumpida en Palestina?, el derecho natural e histórico a los que alega y clama el pueblo judío, ¿es más trascendental que las innumerables generaciones de palestinos que habían establecido raíces y vínculos con su tierra durante varios siglos? Eso equivaldría a decir, con mucho atrevimiento, que Francia en su inicio en 1830 como país colonizador en Argelia, encontró un territorio deshabitado a sabiendas que en ese entonces, había más de dos millones de argelinos en esa parte del norte de África.

Obviamente que las enseñanzas de los primeros sionistas para con sus descendientes, tenían el fin y el propósito de rediseñar y reescribir la historia Palestina para justificar y legalizar el asalto que culminó con el mega proyecto de robo de Palestina, con el pobre argumento que esas tierras estaban abandonadas a principios del siglo XX y que los pocos, pero muy pocos árabes que se encontraban en el lugar, estaban en unas condiciones de atraso tan evidentes que se podían comparar con el estilo de los pueblos primitivos y que dadas esas circunstancias, las intenciones de los judíos era llevar progreso y bienestar a esas tierras Palestinas "deshabitadas". Los sionistas trataron por todos los medios de mantener tan garrafal mentira pero ya en pleno siglo XXI, con los adelantos y la culturización tecnológica al alcance de todo el mundo, esa breve exposición sionista acerca de Palestina no es creíble prácticamente por nadie, salvo contados, pero muy contados que son proclives a las turbias ideologías sionistas que no benefician para nada las convivencias pacíficas y sinceras entre los pueblos.

Por Kassem Asmar Castellanos

Los sionistas, de manera aislada, no podían llevar adelante un proyecto de tanta dimensión sin la confabulación de las potencias como se evidenció con el respaldo político y militar de los británicos y posteriormente de los estadounidenses a partir de las postrimerías de 1947. Este último, ha mantenido su respaldo fraternizando sus relaciones con el Estado sionista en todos los niveles y ámbitos pero especialmente, proporcionando asistencia, ayuda financiera y militar exorbitantes, además de hacer sentir al Estado israelí como país intocable, con el amplio respaldo de la política exterior norteamericana que no ahorra esfuerzo alguno en frenar cualquier acción de la Comunidad Internacional que pretende parar el accionar del expansionismo israelí.

En ese entonces, el requisito para que una iniciativa fuese viable en la Asamblea General de la ONU, tenía que tener el respaldo de las dos terceras partes de los votos de las delegaciones que representaban a los diferentes países. Al constatar Estados Unidos de primera mano, que tal respaldo no estaba garantizado, fraguaron la táctica que hasta el día de hoy han usado, la presión y la amenaza. De esas presiones no se escapó ni Francia. Pero la gran trampa orquestada por los movimientos sionistas y con el incondicional respaldo norteamericano, se empezó a gestar en las Naciones Unidas de la manera más descarada posible, pues ya la Asamblea General había aprobado la Resolución 106 por medio de la cual se creó una comisión especial para mayo de 1947, con el fin de presentar un informe lo más objetivo posible a la Asamblea General de la ONU con la finalidad de preparar el escenario para saber de qué manera debería hacerse esa partición de Palestina.

Los resultados de la investigación de dicha comisión fueron concluyentes al decir, que la configuración demográfica en Palestina estaba representaba por el 65% de árabes-palestinos que totalizaban alrededor de 1.220.000 palestinos y el 33% de población judía que sumaban 600.000 judíos aproximadamente. Esa comisión dejó constancia que en la mayoría de las zonas de Palestina, los árabes-palestinos eran mayoría. Por otro lado, los árabes eran dueños del 90% de las tierras, mientras que los judíos no alcanzaban a tener la propiedad ni siquiera del 10% de las tierras. En síntesis, la recomendación de esa comisión para asombro de muchos fue que había que hacer una partición donde el 56% de Palestina debería ser para los judíos. El argumento que empuñó esa comisión es que ya se había tomado el compromiso del establecimiento de un hogar para los judíos en Palestina. Los árabes alarmados con clara razón, rechazaron tajantemente esa propuesta considerándola totalmente inequitativa.

Después de ese informe, un comité especial fue nombrado con el fin de ampliar su estudio acerca de la cuestión Palestina, llegó a la conclusión de que la ONU no tenía potestad de hacer una partición que obligue a una mayoría, que en ese caso eran los árabes-palestinos, a desistir de una amplia porción de su territorio para beneficio de una minoría que en este caso eran los judíos. Esta conclusión y recomendación fue ignorada, especialmente por el poder de maniobrabilidad política norteamericana en el seno de la Asamblea General de las Naciones Unidas, donde finalmente se aprobó de la manera más mañosa posible la Resolución 181 de finales de noviembre de 1947. Los sionistas tenían motivos más que suficientes para saltar de júbilo, pues el zarpazo fue brutal contra el pueblo palestino y el turbio y letal plan del fundador del sionismo Theodor Herzel había dejado una oscura mancha en el expediente triste de la humanidad, pero ese zarpazo no era el definitivo ya que al pueblo palestino le esperaba tiempos angustiantes de grandes calamidades gracias, según la perspectiva sionista, a un supuesto "Mandato divino". No es la primera vez que en nombre de las Sagradas Escrituras se cometen grandes actos de barbarie contra la humanidad ni tampoco será el último.

Pero volvamos a retomar el aspecto de la votación de la Resolución 181 de 1947 que estuvo plagada de maniobras chantajistas, presiones y trampas. La misma señora Tzipi Livni que ejerció el Ministerio de Asuntos Exteriores de Israel entre el 2006 y el 2009 dijo que si la votación de la Resolución 181 fuera hoy en día, no tendría posibilidad de ser aprobada, juzguen ustedes y saquen su propia conclusión.

Lo que si hay que poner de manifiesto es que los países poderosos de la posguerra encabezado por Estados Unidos manejaron la votación a su antojo, valiéndose de los países económicamente subordinados al mercado imperialista norteamericano y a ciertas ayudas económicas, luego la tarea estadounidense no era para nada difícil porque manipularon el

Por Kassem Asmar Castellanos

tablero de ajedrez sin tener en frente ningún oponente y el resultado quedó plagado de injusticias, pues en un abrir y cerrar de ojos los palestinos ya habían perdido el 56% de su territorio.

Desde la creación de la ONU, el Estado creado de la manera más ilegítima fue Israel pero ahí no para el asunto ya que decenas de Resoluciones en contra de las barbaries israelíes no pudieron tener mayores efectos por el uso permanente del veto norteamericano que han protegido y de paso aplaudido el espiral de injusticias cometidas contra el pueblo palestino.

Herzel quiso darle un carácter político-religioso al movimiento sionista mundial en 1897, en el Congreso que convocó en Basilea (Suiza) en ese mismo año con el objetivo de ganarse las alianzas de los países más poderosos como Gran Bretaña y posteriormente Francia y Estados Unidos, pero no sólo se limitaban a buscar apoyo a nivel de países, ya que los sectores privados de gran vigor en el plano financiero y mediático también estuvieron en sus planes.

La dinastía Rothschild de origen Judío-Alemán es una familia muy conocida en toda Europa Occidental por su amplia incursión en el negocio financiero a gran escala. Esa familia inició ese negocio prácticamente de la nada a mediados del siglo XVIII en Alemania. Ya a principios del siglo XIX tenían otra sede en Inglaterra y posteriormente en Francia, poco después se extendieron en Viena y Nápoles. A mediados del siglo XIX la dinastía Rothschild era muy famosa en toda Europa por su actividad relacionada con los servicios que ofrecían sus bancos. Su relación con el conflicto palestino empezó a tomar forma a finales del siglo XIX cuando Edmond Rothschild llegó a Palestina que estaba bajo el control del imperio otomano y poco después empezaron a apoyar "la causa sionista" con gran respaldo financiero para la creación de asentamientos judíos como estímulo a las migraciones judías a Palestina. Las enormes contribuciones de la familia Rothschild a las organizaciones sionistas y al Estado de Israel se ha mantenido hasta la fecha de hoy. Esta dinastía adquirió tal poder y tanta influencia dentro de la estructura del movimiento sionista mundial, que el Parlamento Israelí conocido como el Knesset, la Corte Suprema de Justicia y el Tribunal Supremo de Israel, fueron construidos con el dinero de los Rothschild.

Por Kassem Asmar Castellanos

CONSECUENCIAS DE LA GUERRA ÁRABE-ISRAELÍ DE 1948

Es muy probable que si la partición de Palestina se hubiera hecho de una manera más equitativa y justa, la historia hubiese sido diferente ya que al haberles asignado la mayor parte del territorio palestino a una minoría que eran los judíos, exaltó los ánimos de la población árabe en la región pues el rol del imperialismo mundial encabezado por Estados Unidos había jugado un papel de abuso de autoridad como nación poderosa, debido a que no hay que olvidar que Europa apenas empezaba a levantarse de la devastación de la Segunda Guerra Mundial y Estados Unidos había extendido sus manos al viejo continente a través del plan Marshall para su reconstrucción, ni que decir de los países de la región latinoamericana que eran manejados como títeres por parte del poderoso del norte, de modo que el escenario estaba expedito en el recinto principal de la Asamblea General de la ONU, para que Estados Unidos dirigiera la orquesta al son de sus deseos y el de los sionistas. La suerte de los árabes-palestinos estaba prácticamente sellada, solamente había que esperar las respectivas actuaciones de un espectáculo vergonzoso, tratando de convencer que todo se estaba haciendo de la forma más inmaculada posible pero los resultados, de antemano, ya se sabían. Por otro lado, los árabes que se estaban sintiendo marcadamente humillados, adoptaron una posición de rechazo a la Resolución 181.

Tan pronto se creó el Estado Judío conocido como Israel, tropas de Siria, Irak y Jordania atacaron el Estado sionista con el fin de recuperar las tierras que les fueron arrebatadas a los palestinos. De todas las guerras entre árabes e Israelíes, la de 1948 que se prolongó varios meses se considera la más larga, al final Israel salió victorioso y consolidó aún más su presencia en suelo palestino al extender sus tentáculos expansionistas más allá de lo que le había sido asignado en el plan de partición del 48 que de por sí era totalmente inecuánime.

Por todo ello, el sentimiento de absoluta humillación que recorría cada rincón del Medio Oriente no se podía ocultar y algún incognito árabe dijo al finalizar la guerra que jamás habrá paz entre árabes e israelíes mientras persista la injusticia sobre el pueblo palestino. Más de 60 años después, esa frase se mantiene

Por Kassem Asmar Castellanos

acorde a las vicisitudes de ese panorama tan sombrío.

En esto hay que ser cuidadoso y no dejarse llevar por eufemismos que para nada tuvieron que ver con el curso de los acontecimientos en la región del Medio Oriente y en particular Palestina, pues ese triunfo obedeció básicamente, al vertical apoyo de Gran Bretaña y Estados Unidos con armamentos muchísimo más sofisticados de los que poseían los árabes. Con esto lo que se pretende, es despejar la sobredimensionada exaltación que la historia narrada por sionistas y aquellos que no se han tomado la molestia de hacer un estudio más serio acerca de las circunstancias que rodearon la derrota árabe en ese primer conflicto bélico de 1948. Otros, fueron mucho más allá al decir que una mano perteneciente a la majestuosa divinidad guiada por una fuerza celestial única, había conducido al ejercito sionista a la victoria. Obviamente que estos relatos novelescos tenían un objetivo claro y era que había que exhibir ante la opinión pública internacional, una imagen sionista justa que lo único que pretendía era vivir en paz y que los que se tomaban el atrevimiento de atacarlos, debían atenerse a la ira del Altísimo Celestial.

Los sionistas que se aventuraron a hacer ese tipo de comparaciones, parece que fueron envueltos por ciertos flagelos de amnesia en contra de la historia, al constatar que otros no hayan reivindicado sus logros por supuestas ayudas provenientes de la eternidad. Por ejemplo; las impresionantes campañas de Alejandro Magno que permitió liberar a los griegos del azote persa y posteriormente adentrarse con sucesivas conquistas al Occidente de Asia, derrotando al Imperio persa que contaba con un ejército mayor, además, para evitar el resurgimiento de los persas a través del mar Mediterráneo que colindaba con territorios de la región, Alejandro Magno conquistó Siria, Palestina y Egipto. De modo que el alcance de sus conquistas desde las Costas Mediterráneas griegas hasta los confines de la India, hacen de Alejandro Magno un conquistador de extraordinaria visión estratégica y militar, pero ¿es esto indicio de que se dio la intervención, como apoyo a sus conquistas, de una fuerza inconmensurable proveniente de la Divina providencia?

Por Kassem Asmar Castellanos

Me resisto a creer que el Creador del universo se involucre dando su apoyo a tan feroces campañas militares que lo único seguro, después de todo, es que dejan una turbia estela de muerte, destrucción y odio.

Napoleón Bonaparte antes de ser derrotado, hizo capitular a muchos ejércitos del centro y occidente Europeo, incluso alcanzó a llegar hasta el corazón de Moscú, ¿será que fue guiado por la divina providencia? Los españoles extendieron sus conquistas desde las tierras Aztecas hasta la Patagonia Argentina a lo largo de más de tres siglos ¿fue eso posible gracias a una iluminación celestial?

Lo que sí debe enterarse el lector es que desde hace muchos años, ha habido constantes acuerdos de cooperación estratégica entre Estados Unidos e Israel donde este último recibe gigantescas asistencias económicas y militares. Pero uno de los puntos donde Estados Unidos ha pactado un sólido compromiso con el Estado sionista es el de asegurarle a Israel que Estados Unidos garantizará, (como lo ha venido haciendo), la supremacía militar Israelí en toda la región del Suroccidente asiático y particularmente, lo referente a la zona del Medio Oriente, con la permanente provisión de las armas más sofisticadas y mortíferas del mundo como los famosos bombarderos F17 y otros equipos militares pesados. Incluso las armas llegan a Israel antes que en la propia OTAN que es el organismo encargado de defender el mundo Occidental. Casos concretos por ejemplo; los famosos misiles Patriot de gran avance tecnológico para la interceptación de misiles de la contraparte que llegaron a Israel antes de ser vistos por los países pertenecientes a la OTAN, por lo tanto Israel es creación, partiendo de los oscuros trazados de los movimientos sionistas y de los países imperialistas Occidentales como Gran Bretaña y Estados Unidos.

Por Kassem Asmar Castellanos

AL-NAKBA, LA CATÁSTROFE PALESTINA SE EXTIENDE

Después de la derrota de los árabes en la guerra de 1948, los sionistas tenían el mejor escenario propicio para extender su manto de intimidación y conquista a la mayoría de los rincones de Palestina, al fin y al cabo ¿no estaba contemplado en todas las cartillas que se impartían en los diferentes Congresos sionistas en Europa?

La cruda realidad para los palestinos es que si se consideraba como desgracia el haber perdido el 56% de su territorio con el plan de partición, después de la guerra de 1948 el mapa geográfico había mostrado otra cosa, pues el Estado sionista tenía el control del 78% del territorio palestino, de tal manera que los adjetivos quedaban muy cortos para describir el cuadro patético al que se había llegado, máxime si se tiene en cuenta el éxodo humano palestino después de la derrota del 48. Por decirlo claramente, los verdaderos sacrificados fueron precisamente los palestinos debido a que perdieron sus tierras y por si fuera poco no consiguieron establecerse en un Estado y para rematar fueron expulsados. En otras palabras, a los palestinos no les podía haber ido peor, la desgracia fue total.

Después de la guerra, Cisjordania (un pequeño territorio que quedó de Palestina) pasó a ser parte de Jordania y muchos palestinos que fueron expulsados por las fuerzas sionistas de ocupación, fueron a parar ahí. La Franja de Gaza que pasó a formar parte de la administración egipcia, también albergó a muchos palestinos y otra cantidad no precisada de palestinos fueron a vivir a otros países árabes. Las cifras son elocuentes, aproximadamente 780.000 palestinos fueron expulsados, además, innumerables poblaciones Palestinas arrasadas por cuadrillas de criminales sionistas al mejor estilo de las películas de bandoleros sin ley.

Esta catástrofe humanitaria fue conocida internacionalmente con el nombre árabe de Al-Nakba. Esto se debe entender tal como lo precisaron los mismos árabes-palestinos, la pérdida de sus hogares, de sus tierras y medios de subsistencia. Adicionalmente a eso, fueron obligados a través del uso de la fuerza sionista y la intimidación, a salir de todo el territorio no solamente del que

Por Kassem Asmar Castellanos

inicialmente les habían asignado el plan de partición de 1947 a través de sus secuaces británicos y Estadounidenses, sino que además, de los nuevos territorios palestinos que el expansionismo sionista logró con la guerra de 1948. Luego Palestina se había reducido a tan solo 22% de su territorio original, y los judíos ya poseían el 78% del territorio palestino.

De modo que Al-Nakba hace alusión al éxodo emprendido por una gran parte del pueblo palestino a diferentes rumbos de los cuatro puntos cardinales, pues no había otro opción ¡o salen o los matamos!, esa era una clara consigna sionista, de tal manera que quedarse en los territorios palestinos a merced de las balas sionistas no podía considerarse una alternativa, así a costa de vivir una durísima penuria que significaba la larga travesía hacia lo desconocido. Pero haciendo honor a la verdad, una parte de los palestinos no veían tan fácil coger un rumbo incierto con sus hijos y prefirieron quedarse, ¿Qué les pasó?, lo que va a leer no es ningún contenido extraído de ninguna película de terror. Según el delegado de la Cruz Roja Internacional Jacques Rinior, que con amenazas y mucha dificultad visitó la aldea Deir Yassín, después de enterarse de que algo había ocurrido allá, no pudo salir de su asombro al ver la magnitud de la masacre donde pudo constatar el uso de armas de fuego y cuchillos contra los pobladores de Deir Yassín. Es pertinente aclarar que esa masacre se dio antes de la partición y la creación del Estado de Israel pero es un referente histórico valiosísimo para mostrar las verdaderas intenciones de los lineamientos ideológicos sionistas con respecto a los territorios palestinos.

Los datos que obtuvo el delegado en mención de la Cruz Roja Internacional de fuentes de primera mano y con su presencia en el lugar de los trágicos hechos fue que de las 280 personas que vivían en la aldea, apenas sobrevivieron 50 personas debido a que se percataron de la situación a tiempo y alcanzaron a huir, de lo contrario hubiesen sido parte de la estadística. Pero esa masacre no es única, ya se habían registrado otras masacres en contra de los palestinos incluso mucho antes y se intensificaron en 1948. Si eso pasó antes de la creación del Estado sionista y antes de la guerra de 1948, ¿podrá usted imaginarse que sucedió con los habitantes de decenas de aldeas palestinas tan pronto finalizó el conflicto armado de ese año?

Por Kassem Asmar Castellanos

No cabe duda que el enclave que pretendió crear la "civilización imperialista Occidental" encabezado por la alianza británica-estadounidense en el corazón del Medio Oriente, desde el principio encerraba propósitos de visión sectaria claramente identificables desde el primer Congreso sionista establecido en Suiza a finales del siglo XIX, toda vez que el objetivo unánime ni siquiera era buscar o fundar una patria para los judíos sino una absoluta expropiación y enajenación de la totalidad de Palestina, independientemente de los recursos y medios que se debían usar, al fin y al cabo seguían un "Mandato divino". De modo que ese permanente discurso israelí que presume ser el único Estado democrático del Medio Oriente, no es más que un Estado perfectamente racista que se fundó con base a la Resolución 181 que de ante mano ya tenía garantizada su aprobación con la faena descarada, muy descarada de los norteamericanos que con un gesto netamente pro-sionista, manejaron el recinto principal de la ONU como el manejo que se le da a cualquier burdel por parte de algún mafioso. A decir verdad, hoy en día las cosas no han cambiado mucho que digamos.

Para garantizar el despeje de las tierras palestinas a toda marcha, grupos paramilitares sanguinarios y terroristas sionistas se habían conformado para tal objetivo, cuyos líderes fueron Menachem Begin, Ben Gurion, Yitzhak Shamir, Ariel Sharón y cuyas manos estuvieron muy salpicadas de sangre por las criminales incursiones que encabezaron en contra de muchas aldeas palestinas con el objetivo principal de sembrar terror y zozobra para obligar a sus pobladores árabes-palestinos a abandonar sus hogares. Por desgracia, las intenciones de esos grupos bandoleros sionistas dieron frutos ya que desde sus primeras apariciones en la década de los años 20 del siglo XX hasta finales de 1948, más de un millón de palestinos habían abandonado sus hogares y sus tierras. Obviamente que Ben Gurion y sus criminales amigos secuaces se sentían más que satisfechos frente a la magnitud de la tarea realizada. Todos ellos fueron premiados con importantes puestos políticos como señal de agradecimiento a sus trabajos "patrióticos" a favor de Israel. Incluso uno de ellos, Menahim Begin, una vez firmado el acuerdo de paz con Egipto en 1979, le fue entregado ni más ni menos que el premio nobel de paz ¡qué vergüenza!

Por Kassem Asmar Castellanos

EL PLAN SIONISTA DALET

Un grupo de sionistas encabezado por Ben Gurion, pero que dentro de sus filas se encontraban importantes personalidades como Menahim Begin, Ariel Sharón, Yitzhak Shamir entre otros que décadas después alcanzaron a ocupar el más importante puesto político del Estado de Israel como el de primer Ministro, idearon un sanguinario plan de limpieza étnica e intimidación a gran escala contra las poblaciones Palestinas con el objetivo central de desalojar el mayor área posible del territorio palestino, a vísperas de empezar la discusión ,"seriamente", de la partición de Palestina en la Asamblea General de la ONU, vieron la necesidad de crear grupos terroristas de corte militar que pudiesen asumir la tarea criminal del plan que se estaba fraguando. Los dirigentes sionistas se dieron cuenta que el aspecto geográfico y demográfico podía influir en esa votación y por otro lado querían cumplir con su agenda sionista de crear condiciones para la llegada continua y masiva de judíos a Palestina. Para tal objetivo había que elaborar un proyecto que facilitara la expulsión de palestinos a un ritmo más acelerado, por lo cual no era tarea difícil teniendo en cuenta que los judíos habían sido armados hasta los dientes, además, las organizaciones sionistas de diferentes partes del mundo les garantizaban enormes recursos como si fuesen cheques en blanco. Los dirigentes sionistas activaron la luz verde para ese nuevo plan en 1947 en algún lugar de Tel Aviv, ese plan fue conocido como Plan Dalet. Uno de los que participó en su elaboración fue Ben Gurion, a quien no le tembló la voz ni por un instante al decir textualmente: "el principal objetivo de ese plan es la destrucción sistemática de aldeas árabes y la expulsión de sus habitantes".

Los soportes y bases de ese plan como requisito para cumplir ampliamente con su cometido fue la elaboración de una información estricta de carácter demográfico y geográfico relativo a los árabes-palestinos con el fin de tener un panorama general claro de sus actividades y localizaciones. Esa información que llegaba permanentemente, se manejaba con un registro de la ubicación geográfica y todo lo que rodeaba a los palestinos, empezando por las aldeas, el número de habitantes, su importancia estratégica en función a la cercanía de los sitios más

Por Kassem Asmar Castellanos

importantes para los sionistas, la calidad de la tierra en términos de su fertilidad, el grado de dificultad para acceder a esas aldeas, etc. Una vez puesto en marcha ese plan genocida, más de 350 aldeas palestinas fueron literalmente arrasadas y sus pobladores obligados a abandonar para siempre Palestina. Los lugares más poblados por palestinos eran consideradas ciudades intermedias como Beersabá entre otros, fueron sencillamente convertidos en pueblos fantasmas al obligar a sus habitantes palestinos a desocuparlas. Como dijo Menahin Begin orgullosamente, "entrabamos a las poblaciones árabes como cuchillo en mantequilla". Muchos de estos sanguinarios que participaron de ese masivo acto criminal oficializado por el Plan Dalet, fueron entrenados por los británicos durante la Segunda Guerra Mundial.

El plan consistía en arrasar aquellas aldeas más cercanas a las concentraciones judías para así progresivamente seguir avanzando, de acuerdo al grado de prioridad. Esta tarea de desalojo humano se podía realizar gracias al amparo de la ausencia de observadores y medios periodísticos o corresponsales, simplemente porque los líderes sionistas lo prohibían para impedir que la opinión pública internacional tuviese información acerca de las atrocidades sionistas contra la población Palestina. El que se atrevía a documentar los hechos para su posterior divulgación al resto del mundo, sencillamente corría un serio peligro de terminar asesinado. Ese trágico destino le sucedió a un personaje famoso conocido como el Conde Folke Bernadotte que fue escogido por la ONU en mayo de 1948 para que redactase un informe acorde a su propia observación en pleno corazón de Palestina. Obviamente que dada las atrocidades y atropellos sionistas contra los palestinos y los claros indicios acerca de la expulsión de muchos palestinos de sus hogares, además para evitar que su informe concluyente llegase a ser aceptado en la ONU, fue vilmente asesinado en los territorios ocupados. Hoy en día la conducta sionista no difiere de la que ejercieron hace más de 70 años para impedir que el mundo se entere, puntualmente, de lo que acontece dentro de las fronteras de los territorios ocupados.

Por Kassem Asmar Castellanos

EL INTENTO SIONISTA POR OCULTAR SUS CRIMINES

Israel, ante hechos y estadísticas tan apabullantes y desgarradoras como resultado de las incursiones criminales de manera secuencial contra las poblaciones palestinas, antes, durante y después del periodo de 1948, ha tratado por todos los medios de restringir la información a través de la desinformación y distorsión de los hechos, con el fin de ganarse la solidaridad de la Comunidad Internacional y de esa manera pasar de victimario a víctima, argumentando que su papel recurrente ha sido el de defenderse de los incesantes ataques árabes. Esa clase de discursos que con mucha frecuencia maneja el Estado sionista, ni siquiera ha sido ajeno al siglo XXI. Uno de los discursos prefabricados y mentirosos que más le gusta esgrimir a Israel sobre los hechos del Al-Nakba y del Plan Dalet, es que ese éxodo palestino que se dio en aquella época tuvo su causa y origen a las recomendaciones de los dirigentes árabes de la zona para con los pobladores árabes-palestinos, con el fin de evitar un efecto colateral que les pudiese afectar porque según ese informe deformado, se estaba fraguando un ataque contra los judíos a gran escala.

Pocos años después, estudios de diversas comisiones europeas constataron que no encontraron ninguna prueba de indicios que pudiese corroborar la afirmación sionista. De modo que esta es una de las tantas tácticas que el Estado sionista de Israel ha tratado de utilizar, con la finalidad de revertir el curso de los acontecimientos históricos, con la manipulación de registros y datos que están plenamente identificados y que dan pleno crédito al desarrollo de los hechos tal como se dieron en los territorios palestinos. Pero el descaro de la desinformación sionista va más allá, al decir que las aldeas y poblaciones árabes palestinas de esa época existieron pero en cantidades extremadamente pequeñas. Esas tácticas de manipulación mediática quedaron prácticamente desvirtuadas cuando historiadores palestinos y revisionistas israelíes se pusieron a la tarea de hacer un estudio investigativo serio, basándose en documentaciones de fuentes de primer orden con el fin de poner a la luz pública mundial lo que siempre habían asegurado no solamente los palestinos, sino también los historiadores independientes.

Por Kassem Asmar Castellanos

Salman Abu Sitta reconocido analista e investigador se puso al frente de hacer una obra acerca del calvario que le tocó vivir al pueblo palestino, especialmente, en lo referente al saqueo y expulsión de que fue objeto. Con datos propios y de otros como el profesor palestino Walid al Jalidid, e indirectamente descritos del historiador israelí Benny Morris cuya sinceridad en sus escritos engloba una mente con descomunal cinismo e insensibilidad humana que proyecta su enfermizo estilo de disertación y justificación hacia las conductas más bárbaras y criminales. El único "favor" que Benny Morris le ha hecho a la causa Palestina es el haber reconocido que efectivamente Al-Nakba se dio tal como los palestinos lo describieron y que los actos criminales contra las aldeas de los palestinos se llevaron a cabo por orden directa de Ben Gurion.

A través de su libro "El origen del problema de los refugiados palestinos", Morris asume una actitud desconcertante al decir que el argumento de los sionistas en el sentido que los palestinos abandonaron sus tierras voluntariamente en 1948, siguiendo los consejos de ciertos líderes árabes no son ciertos y corrobora que los centenares de miles de palestinos que formaron ese éxodo hacia el exilio, se dio básicamente por las hostilidades de las diferentes facciones y milicias sionistas. Prosigue ese polémico historiador israelí que efectivamente hubo una limpieza étnica a gran escala a través de masacres, violaciones, desalojos y tácticas de intimidación sofisticadas para ahuyentar a los palestinos de sus hogares. Pero lo más sorprendente de todo el contenido de su obra es la forma como justifica todos estos actos atroces contra los palestinos, calificándolos de muy necesarios para la fundación del Estado de Israel. De hecho, asegura que las órdenes venían directamente de Ben Gurion y que respalda lo que hizo. Pero este historiador israelí cuya conducta se parece más a un sociópata empedernido, dijo que Ben Gurion se había equivocado al no expulsar a todos los palestinos de sus tierras, de hecho, sigue apoyando la idea de que se dé un nuevo éxodo palestino a la fuerza. Sin tapujos, Benny Morris dijo que para alcanzar el objetivo de crear una patria para los judíos en Palestina, había que utilizar todos los recursos, es decir, "el fin justifica los medios". Una de sus más famosas perlitas las dio en una entrevista a un importante medio informativo en Israel donde puntualizó: "Un Estado judío no hubiera llegado a existir sin el desarraigo de 700.000 palestinos, por lo tanto fue necesario desarraigarlos como también fue necesaria la limpieza étnica". Prosigue ese desadaptado mental al sugerir un contundente ataque nuclear a Irán, de tal manera que quede reducido en un sombrío y desolado desierto si no para su programa nuclear y pensar que este historiador dicta permanentemente charlas en las universidades hebreas de Israel sobre el conflicto del Medio Oriente.

Volviendo al trabajo que asumió el reconocido investigador Salman Abu Sitta, quien aprovechando también la apertura israelí de archivos secretos relacionados con la fundación del Estado de Israel, de ahí se pudo extraer lo que ya se sabía pero la gran importancia radica que esa información ya no provenía de los registros árabes sino de la misma fuente sionista que, incesantemente, a través de varias décadas habían negado el contenido de esa clase de hechos en los territorios palestinos.

El trabajo que realizó Abu Sitta fue consignado en una obra con el título "Al-Nakba, 1948: registro de las poblaciones desalojadas en Palestina". En ese documento se evidencia el amplio plan de asalto a los territorios palestinos como eje central de las ambiciones de las organizaciones sionistas para crear un hogar único y exclusivo para los judíos, poniendo de manifiesto el espíritu de la futura nación sionista que debía regirse estrictamente por un dogma racista. En estos archivos, se encontraron evidencias irrefutables, que efectivamente ese territorio estaba poblado por árabes-palestinos y no como pretendieron mostrar los judíos que eran tierras deshabitadas. Otro dato muy importante fue que a principios del siglo XX, tanto musulmanes como judíos y cristianos convivían sin mayor contratiempo en Palestina hasta que empezaron a surgir los problemas con la llegada de los primeros inmigrantes judíos con el propósito de comenzar a dar cumplimiento a los oscuros y maquiavélicos planes de las organizaciones sionistas de apoderarse de Palestina, de hecho se pudo averiguar que en la medida que iban desalojando a los pobladores palestinos estos eran sistemáticamente reemplazados por inmigrantes judíos y de ese modo tratar de rediseñar de la manera más disimulada y desapercibida, el contexto demográfico y geográfico de Palestina.

Por Kassem Asmar Castellanos

El famoso militar sionista Moshe Dayan reconoció que la inmensa mayoría de los lugares Judíos fueron construidos sobre aldeas y pueblos árabes.

Esos planes sionistas se trazaron con el fin que su aplicabilidad fuese rápida y secuencial teniendo en cuenta varios pilares a la vez, entre los cuales se pueden mencionar:

a) Aprovechar el sentimiento de solidaridad de los países más poderosos por el sufrimiento causado por el holocausto hitleriano.

b) Aprovechar la presencia de la potencia británica en Palestina, como administrador y hacerlo participe del plan sionista, como efectivamente ocurrió con la Declaración Balfour.

c) Difundir ante el mundo que Palestina les pertenece por "Mandato Divino" y que es un hecho histórico inherente a la raza judía y su derecho de retorno a Palestina.

d) Las organizaciones sionistas impartieron una pedagogía radical entre los judíos radicados en diferentes países para convencerlos que todos los medios eran válidos para desalojar a Palestina de sus habitantes árabes-palestinos.

El resultado de ese estudio investigativo no fue una sorpresa para los palestinos, pues ya se tenía una información de datos estadísticos y fuentes de recopilación de archivos sobre los acontecimientos que rodearon los meses previos a la creación de facto del Estado de Israel como los que se suscitaron después del inicio de la primera guerra árabe-israelí en 1948. En síntesis, se concluyó que el número de aldeas, pueblos y pequeñas ciudades árabes y teniendo en cuenta que unas partes fueron desalojadas pero otros sencillamente arrasados, totalizaban aproximadamente 380.

A finales de 1947 y principios de 1948, en un periodo récord de cinco meses, se había conseguido ahuyentar a más palestinos que todo el periodo anterior desde el inicio de la migración judía. De hecho que el Plan Dalet buscaba, precisamente, esa meta y su cabecilla principal que fue Ben Gurion así lo explicaba en más de una ocasión al animar a todos sus copartidarios a adueñarse

Por Kassem Asmar Castellanos

por las vías de hecho de la máxima extensión posible del territorio palestino, entendiéndose ese mensaje como de la totalidad de la "Tierra prometida", demostrando de forma flagrante la ideología racista no sólo de Ben Gurion, sino de todos aquellos que hacían parte de los planes establecidos por los jerarcas sionistas. Estos a su vez se sintieron más que sobrados y seguros en plasmar fehacientemente el pensamiento sionista cuando encontraron un nuevo apoyo en el escenario internacional una vez finalizada la Segunda Guerra Mundial, siguiendo el apoyo incondicional que habían recibido por parte de los británicos, apoyo que consistía en asistencia exagerada de armas, financiera y respaldo político que provenía de los Estados Unidos de América.

La gran farsa que los judíos sionistas pretendieron demostrar es que ellos habían aceptado el plan de partición a vísperas de 1948 y que los árabes lo habían rechazado. Bueno, eso es cierto pero el relato no se debe presentar ni a pedazos ni mucho menos sesgado. El hecho es que los árabes rechazaron dicho plan como pudo haberlo rechazado cualquier otra sociedad o pueblo, independientemente si sean árabes o no. Recordemos que se le asignó a una minoría judía que no pasaba en términos demográficos de la tercera parte de los habitantes de Palestina, el 56% del territorio palestino. Eso no es todo, los judíos apenas poseían el 10% del territorio, luego era más que evidente, ante los ojos de cualquiera que ese plan de partición se había diseñado con un criterio claramente parcializado a favorecer las estrategias trazadas por el sionismo. ¿No fueron razones suficientes para rechazarlo? ¡Sería el colmo que los judíos no aceptasen este plan de partición! Pero lo que viene después es descaradamente sorprendente que raya cualquier grado de humillación contra el pueblo palestino, al manifestar Ben Gurion a los cuatro vientos que "Erigir un Estado judío de inmediato, incluso si no es en todo el territorio, el resto vendrá con el tiempo, tiene que venir". Luego la cuestión no era si los árabes estuviesen de acuerdo o no con la partición de Palestina, sino que la dirigencia sionista ya había ideado, meticulosamente, una hoja de ruta para adueñarse de la totalidad de los territorios palestinos. Cabe recordar que Ben Gurion, un fanático de primera línea, ya era activista sionista sin haber cumplido la mayoría de edad pues a los 17 años se honraba de ser un miembro del sionismo. Fue bastante claro al manifestar que la única forma de hacerse a todo el territorio palestino es a través de la fuerza, luego ideó ambiciosos planes antes de finalizar la Segunda Guerra Mundial para armar al pueblo judío con armamento sofisticado porque tenía la firme convicción, de hecho era así, que a través de esa vía se podía garantizar el expansionismo. Durante ese periodo, hizo acuerdos estratégicos con Gran Bretaña y Francia en el campo económico y militar, más tarde Israel firmó grandes acuerdos de cooperación estratégica con Estados Unidos, cuyo fin fue armar exageradamente al Estado sionista y garantizar su expansionismo. Esta cooperación sigue vigente hasta el día de hoy.

Por Kassem Asmar Castellanos

LOS ÁNIMOS SE EXACERBAN

La escena que se veía a finales de 1948, desde un ángulo óptico del sionismo indicaba que todo marchaba sobre rueda pero a raíz de la escalada de injusticias que se habían cometido contra el pueblo palestino desde el comienzo del siglo XX hasta el epílogo de 1948, donde se gestó la masiva expulsión de palestinos de sus hogares, etapa histórica y dolorosa conocida como Al-Nakba que significó un continuo eslabón de atropellos y agresiones sionistas contra el pueblo palestino, acabó por desencadenar una sensación de rabia e impotencia. Todos estos acontecimientos condujeron a un hecho perturbador que inevitablemente empezó a manar con fuerza en el escenario de la región y particularmente en el espíritu anímico de los árabes que por cierto era de total humillación. Ese hecho perturbador que se mantiene hasta el día de hoy, hizo surgir una sensación de odio y resentimiento en aquel entonces y no era para menos, dado el grado de los cambios que tomaban los acontecimientos en esa parte del Medio Oriente que terminaban por afectar a los palestinos.

Después de la derrota de los árabes en la guerra de 1948, la psicosis se apoderó de los judíos que vivían en diferentes países árabes por el temor de posibles represalias contra sus comunidades. Sin pretender justificar bajo ninguna circunstancia lo acontecido con los judíos que residían en diferentes países árabes y haciendo honor a la verdad, parte de ellos empezaron a recibir maltratos y discriminaciones, no de las sociedades árabes, sino de las propias autoridades. La mayoría de esos judíos vivían en el Suroccidente de esa región en países como Yemen e Irak y en menor grado en Siria. Los judíos pertenecientes al norte de África, provenían de Marruecos, Egipto y Libia.

Israel aprovechó esa coyuntura e hizo todo lo que estuvo a su alcance para llevar a los judíos árabes al recién creado Estado israelí. No fue tarea difícil porque la comunidad judía árabe, en aquel entonces, le embargaba un constante temor de posibles represalias de los gobiernos árabes de los países en mención, y por lo tanto fue fácil para ellos haber tomado la determinación de ir a vivir definitivamente a Israel. Se estima que en el periodo comprendido entre 1948 y 1952, más de medio millón de árabes judíos habían llegado a la "tierra prometida". Básicamente, la

Por Kassem Asmar Castellanos

migración de judíos a Palestina nunca se detuvo debido a que las invitaciones de las autoridades de Israel y del movimiento sionista mundial estuvieron a la orden del día. Esto no solamente pone en tela de juicio la afirmación falsa del sionismo que el problema de los árabes y de los palestinos en particular es una cuestión religiosa, sino que además descarta de tajo esa teoría al demostrarse que durante muchísimos años convivieron, lado a lado, árabes musulmanes, judíos y cristianos sin mayores inconvenientes. El problema empezó a surgir a raíz de los constantes despojos territoriales que los árabes-palestinos comenzaron a experimentar a principios del siglo XX obedeciendo a un plan orquestado por los sionistas.

Los movimientos sionistas al principio del siglo XX, siempre entendieron la importancia de los datos demográficos como arma política en el escenario mundial, a tal punto que tan pronto el mundo empezó a estrenar el siglo XX, ya esas organizaciones nacionalistas judías comenzaron a tergiversar las cifras estadísticas en materia demográfica en los territorios palestinos ya que la tecnología mediática y el desplazamiento de la información era bastante lenta, aunque la mayoría de países no creían en las informaciones estadísticas que mostraban los sionistas acerca de la composición poblacional de los territorios palestinos a principios del siglo XX. El argumento que en esa época esgrimían las organizaciones sionistas era que Palestina estaba casi totalmente deshabitada cuando empezaron a llegar las primeras migraciones judías de Europa. Obviamente, hoy en día nadie cree en semejante engaño y mentira a tal punto que los mismos israelíes no se animan a hablar del tema. Lo que pretendieron los sionistas y posteriormente el Estado de Israel con la alteración de esos datos demográficos fue el de tratar de "legitimar" los continuos robos y saqueos de tierras Palestinas.

Entre 1905 y 1920, los datos y disposiciones estadísticas mostraban que el 90% de los territorios palestinos estaban conformados por árabes-palestinos, mientras que los judíos solo eran el 10% del global de la población. Las siguientes cifras que muestran la evolución de la composición poblacional en los territorios palestinos a lo largo del siglo XX, son más que elocuentes y muestran el "espíritu sionista" por poblar lo más rápidamente posible esas tierras del Medio Oriente que llevaban siglos habitadas por palestinos. A principios de 1914, el registro que se tiene indicaba que había 55.000 judíos y más de 630.000 palestinos, es decir que el 92% de la población en Palestina eran palestinos y solo el 8% estaba integrado por judíos. Casi un siglo después, del total de la población que viven en Israel, Cisjordania y la Franja de Gaza (no olvidar que todas esas tierras eran de los palestinos hasta 1947) suman aproximadamente 9.7 millones de habitantes, las dos terceras partes son ciudadanos israelíes, aunque es relevante aclarar que 530.000 colonos judíos viven en asentamientos ilegales dispersos a lo largo y ancho de Cisjordania.

Obviamente que esos cambios tan bruscos en el plano demográfico que se desarrolló entre principios del siglo XX y principios del siglo XXI, no se dio por obra y gracia de una simple casualidad misteriosa, sino que refleja la misma dinámica de los procesos sociales, demográficos y geográficos impuestos con procedimientos violentos, recurriendo a las vías de hecho que han venido aplicando los sionistas y el Estado de Israel, con la conspiración y el apoyo vergonzoso tanto de británicos como de Estadounidenses.

En 1920 había 70.000 judíos y 670.000 palestinos. En la siguiente década de los años 30 se puede considerar como una etapa importante para las aspiraciones sionistas de poblar a Palestina con ciudadanos judíos provenientes de muchos lugares de Europa. Pues esa década contribuyó con 230.000 judíos aproximadamente, la mayoría eran judíos que vivían en los países de Europa Oriental como Rusia, Polonia y Rumania y esta tendencia se mantuvo, básicamente, hasta finales de los años 30 del siglo XX cuando otros ciudadanos judíos de Alemania e Inglaterra se unieron a esa "especial invitación" de ir a ocupar territorio ajeno. En 1930, había un registro estadístico que mostraba que la población en Palestina era de 740.000 palestinos y de 150.000 judíos, esas cifras indican que en tan solo 16 años, es decir, desde 1914 hasta 1930 los judíos pasaron de representar el 8% de la población a ser el 17% de global de la población en suelo palestino.

Por Kassem Asmar Castellanos

No cabe duda que la sed de las organizaciones sionistas para poblar de judíos a los territorios palestinos, no se podía saciar sino con constantes migraciones y es que la evolución de las cifras conforme iban pasando los años, así lo demostraban como quiera que en 1940 los judíos ya contaban en suelo palestino con 430.000 habitantes y los palestinos en ese periodo totalizaban 1.100.000 habitantes, este nuevo dato prendió las alarmas en los territorios palestinos debido a que en un periodo de 25 años, la población judía paso del 8% al 29% de la población global de Palestina. A partir de 1940, siguió incrementándose la migración Judía, obedeciendo a dos fenómenos:

a) La misma estrategia sionista de impulsar cada vez más, la migración judía de todos los lugares de Europa

b) Aprovechando la persecución del régimen Nazi, para seguir justificando el envío de más ciudadanos judíos europeos a tierras Palestinas.

Hay un registro histórico de comienzos de la Segunda Guerra Mundial, que destapa el engaño de los sionistas con el fin de apoderarse de Palestina. Si bien nadie niega que fueron objeto de persecuciones y asesinatos por parte del régimen violento de Hitler, es imprescindible aclarar que los sionistas aprovecharon ese momento histórico para fomentar la migración a Palestina. Hubo decenas de países que estaban dispuestos a albergar a los judíos, ¿Por qué se empecinaron en emigrar a los territorios palestinos? bueno, la respuesta no es tan difícil como quiera que todo este acontecimiento obedeció a la estrategia sionista de una patria nacional para los judíos en Palestina y al fin y al cabo había que aprovechar esa coyuntura histórica.

A finales de 1947 y principios de 1948, o sea, en vísperas de la fundación del Estado sionista, ya había registros de casi 300 asentamientos judíos en Palestina, llenos de colonos judíos. Obviamente que los ingleses fueron muy responsables de esas migraciones y particularmente sobresalía esa responsabilidad británica con la tristemente famosa declaración de Balfour.

Por Kassem Asmar Castellanos

En 1948, los palestinos eran aproximadamente 1.430.000 habitantes pero varios factores correlacionados, rediseñaron marcadamente el aspecto demográfico del lugar. Esos factores fueron el Plan Dalet, la fundación del Estado de Israel, la guerra árabe-israelí de 1948 y el éxodo palestino conocido como Al-Nakba. Es de suma importancia recordar que entre finales de 1947 y mediados de 1948 habrían sido obligados a abandonar sus hogares, más de 820.000 palestinos.

En pleno siglo XXI, las migraciones a Israel y principalmente a los territorios ocupados, están a la orden del día y el único requisito para fijar residencia permanente es el de profesar la religión judía.

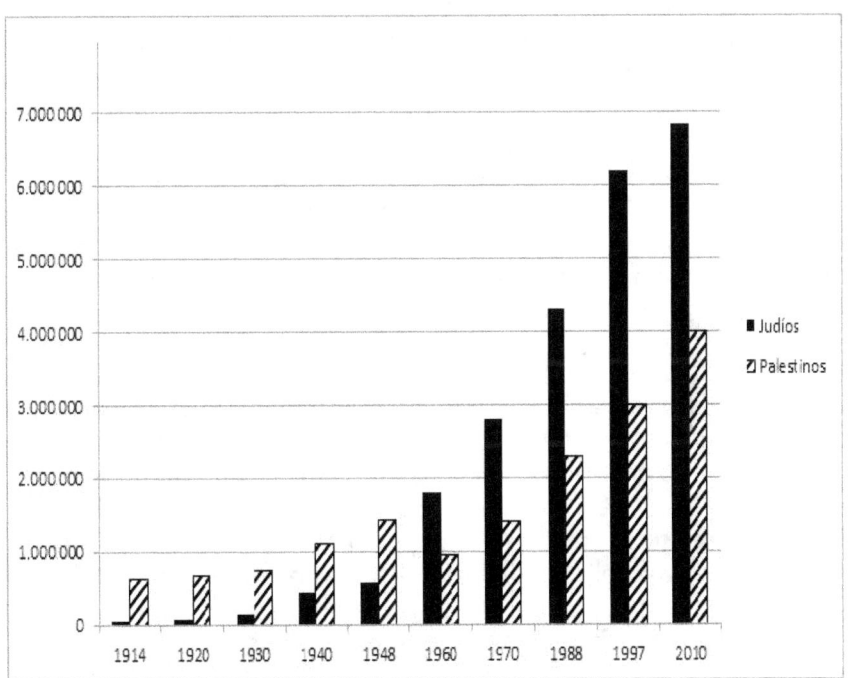

Gráfica 1. Evolución demográfica en la región

Por Kassem Asmar Castellanos

2. EL EXPANSIONISMO ISRAELÍ COMO PRETEXTO PARA EL CONTROL DEL AGUA Y EL ROBO DE TIERRAS

Si bien, hay serios indicios de que las organizaciones sionistas a principios del siglo XX con la llegada a Palestina de las primeras inmigraciones judías, ya se habían enfocado en la importancia de asegurar fuentes hídricas de la región con el fin de estimular e impulsar las actividades agrícolas para los primeros contingentes judíos en Palestina, esas intenciones se vieron mucho más marcadas después de la fundación del Estado de Israel en 1948.

El objetivo central que llevó a Israel a ocupar los altos del Golán fue la cuestión del agua por encima del tema de la seguridad. De hecho, Moshe Dayan dijo que Israel provocó en 1967 a Siria para que se involucrase en la guerra y tener el pretexto de ocupar dicho territorio, pues más de la cuarta parte del agua que consume Israel proviene de los territorios Sirios de los altos de Golán, razón por la cual, los israelíes hoy en día no muestran mucho interés en entablar conversaciones de paz con el gobierno de Siria ya que en últimas, el gran beneficiado de toda esta historia es Israel.

No cabe duda que la guerra de 1967 fue ideada por Israel para dar respuesta a su ideología expansionista y de paso para asegurar nuevos territorios con sus valiosísimas fuentes hídricas ya que las declaraciones no solamente de Moshe Dayan, sino de otras personalidades importantes de la esfera política y militar de Israel, así lo corroboran. Por ejemplo el que fue comandante de la fuerza aérea israelí, el General Ezer Weizman reconoció que Egipto, Siria y Jordania no mostraron amenaza seria contra Israel, pero que de todas formas había que debilitarlos.

Menáhem Begin respalda lo anterior al decir que Israel decidió iniciar la guerra atacando a los ejércitos árabes. Yitzhak Shamir no se quedó atrás con sus declaraciones dadas pocos meses después del conflicto bélico de 1967, al decir que Egipto no mostró serias intenciones de atacar a Israel, pues éste estaba seguro de su superioridad militar en cuanto a la calidad de armamento y especialmente la supremacía que representaba su fuerza aérea, respaldados por los aviones cazabombarderos adquiridos de Gran Bretaña, Francia y Estados Unidos como

Por Kassem Asmar Castellanos

fueron los famosos Miraj y los Fantom, no tenían rival de la fuerza área de Siria o egipcia y la intención era, no permitir que en el futuro esos ejércitos pudiesen ser efectivos. Por lo tanto, para Israel mantener la supremacía de su ejército, se convirtió en una prioridad permanente siendo respaldada por su socio estratégico, Estados Unidos.

Después de ésta guerra, Israel da inicio a ocupar los altos del Golán y como es habitual, empezó a expulsar a los sirios que habitaban esa meseta. Con su política expansionista alcanzó a desplazar de sus hogares, con diferentes métodos de intimidación, a 100.000 sirios a otros lugares. En virtud de esa práctica, los que quedaron en esa llanura, no alcanzaba la cuarta parte de los habitantes árabes.

Hoy en día, viven aproximadamente 40.000 habitantes en los altos del Golán, de los cuales la mitad son colonos judíos con pasaportes israelíes que cuentan con especiales privilegios en los asentamientos ilegales donde viven. En ese sentido, los sirios que viven en la meseta del Golán, que son aproximadamente 20.000, tienen que conseguir el agua a un costo exageradamente superior a las tarifas que pagan los colonos judíos. Sobra aclarar que esa medida, se aplica en Cisjordania y Gaza siendo esa una estrategia que encierra un descaro propósito de presión contra los legítimos dueños de esos territorios. Es un claro indicio que Israel sigue con su política de discriminación, tal como ocurre en los territorios ocupados de Cisjordania y Gaza. Los nativos sirios de los altos del Golán no escapan a esas medidas racistas.

Los datos del presente, nos indican que el consumo israelí del agua por persona diariamente es de 260 litros, mientras que el consumo de los palestinos de los territorios ocupados apenas alcanza los 60 litros. Pero los palestinos que están más apartados, por ejemplo los que viven en las aldeas y zonas agrícolas, muchas veces no alcanzan a disfrutar ni de 20 litros de agua por persona. La brecha se amplía si tenemos en cuenta a los más de 300.000 colonos judíos (sin contar los colonos de Jerusalén del Este) que viven en los más de 150 asentamientos ilegales en los territorios ocupados, debido a que son consentidos con muchísimo más agua que los palestinos dueños de esas tierras donde están los asentamientos, y esto con el fin de que permanezcan en los asentamientos.

Por Kassem Asmar Castellanos

Los datos que manejan organismos internacionales, dan fe que Israel se aprovecha del 80% del agua que pasa por la ribera Occidental o Cisjordania. Muchos palestinos deben soportar el tortuoso racionamiento del agua que se extiende a lo largo de la época de verano, pero esa medida no la sufren los habitantes de Israel, y mucho menos los moradores judíos que viven en los asentamientos ilegales a lo largo y ancho de los territorios ocupados. Muchas veces por la necesidad, muchos palestinos tienen que recurrir a los camiones tipo cisterna para comprar un poco de agua. La situación se vuelve más difícil para aquellos palestinos que viven apartados de los centros urbanísticos, como en los campos donde la mayoría son campesinos que necesitan de ese preciado líquido por dos razones fundamentales; que son para el consumo familiar y obviamente para el uso de la actividad agrícola.

Muchos desplazados como los que viven en los campamentos de refugiados, padecen exageradamente de ese racionamiento que impone Israel. Ni que decir del agua que llega a Gaza que es de pésima calidad. Si a esto le sumamos el fuerte impedimento que Israel impone para que el agua de Cisjordania no llegue allí, además, los palestinos no pueden construir pozos para recoger agua sin el permiso expreso de las autoridades de Israel. Israel quiere mantener un clima de desesperanza y frustración. Por ejemplo en Gaza es extremadamente difícil el ingreso de los equipos para el tratamiento del agua ya que Israel alega "cuestiones de seguridad". Los palestinos tienen que someterse, dentro de su propio territorio, a las medidas impuestas por las fuerzas de ocupación israelí, creando sentimientos de impotencia.

Las carreteras adyacentes a los asentamientos judíos ilegales en los territorios ocupados, no pueden ser usadas por los palestinos, sino por los colonos judíos, según Israel eso obedece a "cuestiones de seguridad". Esa medida adoptada desde el año 1967 ha perjudicado mucho a los palestinos porque tienen que hacer un recorrido mucho más largo para llevar no solamente el agua sino cualquier bien o mercancía a los diferentes lugares de los territorios ocupados o viceversa. Todo indica que gracias a la reducida frase "cuestiones de seguridad", Israel le ha venido sacando mucho provecho en beneficio de sus propios ciudadanos. Esto ha venido sucediendo en los últimos 45 años.

Por Kassem Asmar Castellanos

De hecho, esas políticas de Estado que Israel arbitrariamente le ha venido imponiendo a buena parte de los palestinos que viven en los territorios ocupados de Cisjordania, ha obligado a que muchas familias Palestinas se vean coaccionadas a llevar una economía doméstica que no va más allá del umbral de subsistencia, pues no pueden cultivar sino una pequeña porción de tierra y no pueden criar sino unas cuantas ovejas debido a la limitada cantidad de agua, por lo cual no se puede ampliar esa clase de actividad campesina.

Sin duda, se trata de la tradicional táctica de Israel para hacer caer a esas comunidades Palestinas en un estado de frustración e impotencia con el fin de que abandonen esas tierras y por consiguiente levantar más asentamientos judíos ilegales con el objetivo de albergar colonos judíos provenientes de muchos países europeos.

Si tenemos en cuenta que una parte importante de las comunidades Palestinas de los territorios ocupados se dedican a las actividades del campo como las labores agrícolas y cría de cabras y ovejas, resulta extremadamente difícil mantener esas labores bajo el continuo racionamiento del agua. Mientras eso pasa con muchos palestinos, la mayoría de los colonos judíos que viven en los asentamientos ilegales, cuentan con piscinas. Amnistía internacional ha sido enfático al exigirle a Israel que ponga punto final a su política discriminatoria en materia de distribución de agua donde se evidencia, claramente, los privilegios de los colonos judíos con respecto a la población Palestina de los territorios ocupados. Además, le pide al gobierno israelí que suspenda de inmediato el bloqueo que pesa sobre la Franja de Gaza ya que eso impide la llegada de equipos para reparar y construir importantes infraestructuras hídricas. Por su parte la ONU ha dicho que Israel consume la mayoría de su agua, de recursos que no pertenecen a sus fronteras de 1948, sino de los territorios ocupados de 1967, especialmente los provenientes de Cisjordania y de las vertientes del Rio Jordán. También hay que tener muy en cuenta el agua que Israel extrae de la meseta de los altos del Golán, territorio que pertenece a Siria pero que están bajo ocupación militar israelí desde 1967.

Por Kassem Asmar Castellanos

El sur del Líbano estuvo bajo ocupación israelí durante más de 20 años (1978-2000) para detener los ataques de las diferentes facciones Palestinas y libanesas a las poblaciones israelíes. Pero una vez más, la cuestión de la "seguridad de Israel" fue muy bien aprovechada por el Estado hebreo debido a que no pararon durante ese rango de tiempo, de extraer el agua del principal Rio Libanes que es el río Litani. Ese fue el principal argumento para que Israel ocupase el sur del Líbano durante tantos años. A la hora de la verdad, la cuestión de la seguridad fue una gran excusa israelí. Israel siempre busca pretextos para robar los recursos de los que tienen frontera con el Estado Judío. Para seguir beneficiándose de las aguas del río Litani del Líbano, los sionistas esgrimieron el pretexto del secuestro de dos soldados israelíes en el 2006 por Hezbola y llevaron una operación militar salvaje a gran escala, causando mucha destrucción y muerte en el Líbano (1200 civiles muertos), el objetivo central fue el aprovechase de las cristalinas aguas del río Litani. ¿No es un acto racista y criminal que por el rapto de dos soldados se lleve a cabo una escalada bélica unilateral contra un país, causando desolación en su territorio?

Si sumamos todo esto, las cifras nos indican que Israel, del total del agua que consume, el 65% no pertenece a su territorio. De modo que en virtud de esas cifras, los que realmente más se benefician del preciado líquido son los habitantes israelíes y los colonos judíos de los asentamientos ilegales en Cisjordania. Eso explica la constante burla que Israel le ha hecho al proceso de paz y a la Comunidad Internacional. Otra prueba contundente que ratifica lo anterior es la constante negativa de Israel a que la autoridad Palestina entre a participar en la gestión de este importante recurso hídrico. Otro aspecto que dificulta a los palestinos acceder al agua, es el exagerado precio de la misma toda vez que hay una medida totalmente discriminatoria por parte de las autoridades de Israel. Los residentes palestinos de Cisjordania pagan el precio del agua con tarifas exageradas, mientras que los colonos israelíes que viven en los asentamientos ilegales en los territorios ocupados, les llegan los recibos a muchísimo menor costo.

De manera que la ocupación israelí no solo se refleja en la presencia física militar en los territorios ocupados, sino que además se ha convertido en constantes zarpazos a los recursos naturales de los palestinos Cisjordanos. En las conversaciones de paz entre ambas partes, Israel ha aplazado en abordar el tema del agua pues sabe que en las actuales circunstancias, con la fuerza de ocupación, está sacando el mayor provecho y lo seguirá haciendo mientras que la Comunidad Internacional siga asumiendo ese pobre y estático papel de simple espectador, acompañado de esporádicas condenas verbales.

Como ya se había mencionado, en cualquier negociación de paz entre representantes palestinos e israelíes, los palestinos tienen que ir muy concentrados al abordar el tema de los recursos acuíferos, máxime, si tenemos en cuenta que buena parte de los palestinos se ganan la vida en las labores agrícolas y de paso abastecen a una parte importante del pueblo palestino en Cisjordania y Gaza.

Pero datos históricos señalan que el interés por el agua, data de unas estrategias trazadas desde comienzos del siglo XX donde los sionistas, ni cortos ni perezosos, querían apoderarse del río Litani del Líbano, solo que esta vez Francia que era la fuerza ocupante de Siria y el Líbano se opuso rotundamente, luego las artimañas de los judíos sionistas siempre estuvieron enfocadas más allá de sus fronteras de 1948, para añadir más fuentes hídricas. Esa ambición de gran descaro y cinismo, se ha mantenido hasta bien comenzado el siglo XXI, pues el Estado israelí siendo un Estado que propende por las migraciones judías europeas y de otros lugares hacia Israel y los territorios palestinos, eso implica que la cuestión del agua siempre va a ser un tema espinoso como quiera que las autoridades israelíes quieren garantizar ese líquido vital a sus colonos judíos que viven en los asentamientos ilegales de Cisjordania y a sus ciudadanos que están en territorio israelí, así se tenga que pasar por encima de los derechos de los palestinos que llevan siglos viviendo en Cisjordania y Gaza. Recordemos que muchos de estos colonos judíos y los mismos que viven en Israel, no llevan sino unos escasos años en Palestina. Muchos de ellos ya habían echado raíces básicamente en Europa, sin embargo a la luz de la óptica israelí tienen más derecho que los palestinos por el solo hecho que profesan la religión judía.

Por Kassem Asmar Castellanos

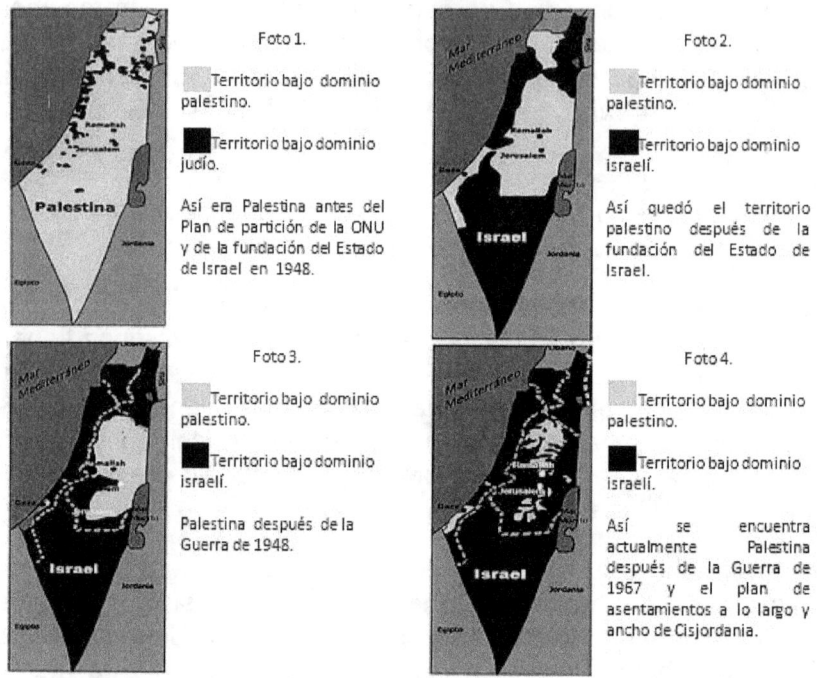

Foto 1. Cambios geográficos de Palestina a raíz del plan sionista

Debemos señalar que el solo hecho de que muchos ciudadanos israelíes que viven en Israel y colonos judíos israelíes que viven en los asentamientos ilegales en los territorios ocupados, provenientes de países europeos, obliga a las autoridades sionistas de Israel a brindarles el máximo de las prerrogativas por temor a que en un momento dado, esos ciudadanos y colonos judíos no se sientan a gusto en Israel y particularmente en los territorios ocupados y puedan tomar la determinación de volver a sus respectivos países donde nacieron y crecieron, antes de ir a vivir ilegalmente en los territorios ocupados de Cisjordania.

En resumidas cuentas, la política de discriminación que impone las autoridades militares de Israel consiste en primer lugar, atender los requerimientos de los ciudadanos israelíes y de sus colonos judíos con el aprovisionamiento de los servicios básicos, especialmente el agua y la electricidad en cantidades suficientes y a costos que suponen un claro privilegio. En segundo plano, ven

Por Kassem Asmar Castellanos

con muchísimo menos preocupación la demanda Palestina de tales servicios ya que al fin y al cabo, fue una estrategia sionista desde hace décadas, el limitar significativamente los servicios básicos a los palestinos como medio de presión para que dejen sus hogares y salgan a vivir, en lo posible, a otros países.

Hay que aclarar que los territorios sobre el cual se fundó el Estado de Israel en 1948, más los territorios que ocupó en las Guerras de 1948 y 1967 respectivamente, implicaba una situación muy difícil para los palestinos ya que el panorama había mostrado que el Estado sionista terminó por ocupar el 100% de Palestina y obviamente que los sueños de los líderes sionistas más destacados como Theodor Herzel y Ben Gurion se cumplieron acorde a lo planeado. Por lo tanto a partir de 1967, en esos territorios que militarmente ocupó Israel, se trazaron verdaderas políticas de Apartheid con la finalidad de favorecer a los colonos judíos que empezaban a poblar los primeros asentamientos ilegales que Israel tomó la determinación de construir en esos territorios ocupados. No solamente se estaba violando, flagrantemente, la soberanía Palestina sino que además, se empezó a saquear a gran escala los recursos hídricos de esos territorios al desviar sus aguas para favorecer a esos colonos nuevos y a sus súbditos de Israel.

En ese sentido, si tenemos en cuenta que desde que se sentaron las partes en la primera conferencia de paz para el Medio Oriente celebrado en Madrid en 1991 y hasta la fecha de hoy, han pasado más de 20 años y la cuestión del agua y su manejo por parte de las autoridades del Estado de Israel, no ha tenido mayor modificación. De modo que para un futuro Estado palestino, es sencillamente vital y urgente el desmantelamiento de todos los asentamientos sionistas que están esparcidos en los territorios ocupados de Cisjordania, de lo contrario, seguiría siendo un desangre para la calidad de vida de los palestinos. Entiéndase que esos 520.000 colonos judíos (incluyendo los de Jerusalén del Este) gastan más agua que todos los habitantes palestinos juntos de los territorios ocupados y eso es totalmente inaceptable no solamente por los palestinos, sino que además por la Comunidad Internacional y por la misma amnistía internacional. De manera que el problema para los palestinos, es bastante delicado porque transciende de lo político a lo socio-económico.

Por Kassem Asmar Castellanos

Otro hecho que también se tiene que tener en cuenta es que en el futuro, los palestinos no pueden seguir subordinados a las férreas políticas de Israel en el uso de los servicios básicos, esencialmente la electricidad y el agua. La humillación que a diario acompaña a los palestinos es que se ha convertido en una cuestión de hecho inverosímil el no poder construir un pozo sencillo para el almacenamiento de agua en los territorios ocupados, ya que primero se debe pasar una solicitud a las autoridades militares de Israel y esperar la respuesta. Muchas de esas solicitudes son rechazadas y las pocas que salen airosas, encuentran que deben cumplir unos requisitos y condiciones como por ejemplo el tamaño del pozo y especialmente la profundidad del mismo. Sobre ese último punto, llama fuertemente la atención que los permisos que se les otorga a aquellos palestinos que salieron "beneficiados" para poder construir algún pozo, la profundidad de esos pozos son menores a las que pueden desarrollar los colonos judíos.

Sobre ese punto, hace poco el diputado francés Jean Giavanny encabezó una delegación para que llevase a cabo un estudio serio de primera mano para ser presentado a la comisión de asuntos exteriores de la Asamblea Nacional de Francia. Esa delegación encontró tanta discriminación, por parte de las autoridades de Israel en el manejo y la gestión del asunto del agua, que el Jefe de la delegación francesa el diputado en mención, no dudó en usar la palabra Apartheid para la elaboración de su informe.

Después que la delegación aterrizó en Israel, visitaron muchos lugares entre ellos, los territorios ocupados de Cisjordania y Gaza (aunque en la teoría, Israel se retiró de Gaza, su vida cotidiana sigue influenciada directamente por el asedio, el bloqueo y las medidas discriminatorias como el fuerte racionamiento de luz y agua que padecen sus habitantes, además las exageradas tarifas de esos servicios). Los miembros de esa delegación se pusieron a la tarea de indagar, entrevistando diferentes personalidades israelíes y palestinas de los diferentes ámbitos diplomáticos, sumado a las opiniones de representantes serios de diferentes ONG y llegaron a la conclusión que el término Apartheid, aunque cause mucho revuelo dentro de Israel, se ajustaba perfectamente a lo que habían visto y averiguado. Esas indagaciones que quedaron plasmadas en el informe de la delegación francesa, asegura que el uso de la palabra Apartheid en el informe está perfectamente relacionado con las prácticas de discriminación al aplicar normas racistas que terminan por favorecer a los ciudadanos judíos de Israel y a los colonos judíos de los asentamientos que están en los territorios ocupados, en detrimento del bienestar de los palestinos. A Israel el término Apartheid le irrita sobre manera, anteriormente ya había pasado con el ex presidente de los Estados Unidos Jimmy Carter cuando publicó su libro titulado "Palestina: paz y no Apartheid" que alcanzó a enfurecer a las autoridades de Israel y a los movimientos sionistas de Europa y Estados Unidos.

Si bien el informe Francés no contempla datos nuevos diferentes a los que tenían los funcionarios palestinos y que siempre fue de conocimiento General entre los palestinos de los territorios ocupados de Cisjordania y Gaza, desafortunadamente, a través de la propaganda israelí y del sionismo internacional, se tildaban de informes palestinos sobredimensionados. Por lo tanto, el mérito del informe Francés radica en que tratándose de un país europeo amigo de Israel, haya llegado a ese resultado concluyente de prácticas de Apartheid por parte del Estado israelí contra los palestinos, sea una prueba de credibilidad especial. Prueba de eso es que los datos que se registraron en ese informe elaborado por la delegación francesa muestran que los colonos judíos que viven en los asentamientos ilegales de Cisjordania, gastan más agua que los 2.4 millones de palestinos que viven en dicho territorio. Si esto no es claro indicio de Apartheid, ¿con que otro término se debe registrar?

Otro dato importante de los franceses que confirma las denuncias que venían haciendo los palestinos es referente a los pozos que humildes personas construyeron sin el permiso de las autoridades israelíes para las labores agrícolas, que terminaron siendo destruidos, sin contemplación, por las autoridades militares de las fuerzas de ocupación.

Es muy elocuente la descripción que hace Stephanie Oudot que es la jefe de proyectos de la región que pertenece a una Organización francesa para el desarrollo relativo a la cuestión del agua, al referirse como los colonos judíos gastan agua en piscinas y jardines mientras que cerca de ellos, los palestinos

Por Kassem Asmar Castellanos

deben buscar con balde, agua en los pozos. En conclusión, Israel ha hecho uso estratégico partiendo de la base de la "seguridad de Israel" enfocando como objetivo central, el control de los recursos hídricos más allá de sus fronteras basadas en la demarcación de la línea verde que la ONU había fijado en 1949.

El poco interés de Israel en las conversaciones de paz, (aunque pretenda decir lo contrario), se refleja en el lento avance en las mismas entre palestinos e israelíes durante los últimos 20 años de conversaciones. Israel, en el fondo sabe que su situación en materia de legalidad internacional está bastante comprometida y la única táctica que esgrime permanentemente es salirse por la tangente, designando la responsabilidad a los líderes de Hammas por los fracasos de esos diálogos.

Por Kassem Asmar Castellanos

3. LOS ASENTAMIENTOS JUDÍOS EN LOS TERRITORIOS OCUPADOS; EL OBSTÁCULO MAS DIFICIL PARA UN ACUERDO DE PAZ

Para que aquel importante segmento de lectores tenga una imagen más clara acerca de lo que son los asentamientos, es conveniente ilustrar el significado del mismo. Asentamientos son pequeñas comunidades, barrios, mini barrios, conjuntos cerrados de vivienda y colonias que Israel tomó la determinación de construir ilegalmente en los territorios ocupados de Cisjordania, Jerusalén Oriental y los altos del Golán. Estos asentamientos desde el principio tuvieron el objetivo fundamental de alentar las migraciones judías desde diferentes lugares del mundo, fundamentalmente desde Europa con el fin de afianzar la ocupación israelí sobre esos territorios. Aunque los asentamientos judíos empezaron a verse desde las primeras migraciones judías a Palestina con el plan del movimiento sionista mundial y el respaldo británico a principios del siglo XX, esta actividad ilícita tomo particular intensidad después de la ocupación israelí de los territorios palestino y sirio en 1967.

Sus tamaños varían, hay asentamientos desde 1.000 habitantes hasta 30.000 habitantes. La reconocida escritora judía Ellen Cantarow que ha hecho varios trabajos que tienen que ver con los oscuros propósitos de Israel de llenar los territorios ocupados palestinos de asentamientos judíos, fue testigo del exagerado ritmo de colonización en Cisjordania y Este de Jerusalén a través de una política sistemática y metódica de expropiación y destrucción de viviendas palestinas y del saqueo a gran escala, de las fuentes hídricas de los palestinos. La labor investigativa de Cantarow merece especial credibilidad, debido a que ha hecho entrevistas directas a todos los involucrados con asentamientos judíos (tanto victimas como victimarios). Ha podido entrevistar a muchos colonos judíos e importantes personajes de diferentes tendencias dentro del liderazgo israelí, de los cuales se encuentran los radicales ultraderechistas. Además, tuvo la oportunidad de reunirse con muchos pobladores palestinos para conocer de primera mano, los atropellos a los que han sido objetos por parte de las terribles políticas de colonización llevadas a cabo por las fuerzas de ocupación.

Por Kassem Asmar Castellanos

La conclusión a la que llegó Ellen Cantarow la ha dejado literalmente atónita al ver como Israel construye, con gran rapidez, asentamientos a lo largo y ancho de los territorios palestinos. Ha denunciado las declaraciones que líderes israelíes han dado donde afirman que el propósito de las duras normas y tratos que aplican contra los palestinos tiene como misión desesperarlos de tal manera que se dobleguen frente a las condiciones que impongan los ocupantes.

Puso en conocimiento de la opinión internacional, un plan sionista tan turbio como maquiavélico que salió a la luz pública en 1979, cuyo protagonista central era el jefe de una Organización sionista cuya especialización fue la de colonizar los territorios ocupados con asentamientos judíos, su nombre, Matityahu Drobles. ¿Que propuso este perverso personaje?, aprovechando como pretexto las particulares interpretaciones de las Sagradas Escrituras y tomarlo como excusa, colonizar a lo máximo ciudades como Hebrón, Belén, Nablus, la parte oriental de Jerusalén y todos los lugares milenarios e históricos palestinos, llenándolos de asentamientos no solamente en su periferia, sino que además en las propias puertas de estas ciudades, en otras palabras, dentro de las ciudades palestinas. De esta manera según sus propias ideas racistas y de su expansionismo, en el futuro (tener en cuenta que su propuesta plasmado en el Plan Drobles, la hizo en 1979) los palestinos se convertirán en una palpable minoría y además de someterse a las reglas de juego de Israel, independientemente si se da un plan de paz.

Hoy en día, este oscuro personaje debe sentirse bastante satisfecho con los más de 150 asentamientos ilegales que existen en los territorios ocupados que albergan a más de 520.000 colonos judíos procedentes de muchos lugares del mundo, sumado a las tierras agrícolas robadas y al control del agua del suelo y subsuelo de los territorios palestinos, para mantener el nivel de vida privilegiada de estos colonos judíos.

El Plan Drobles que hace honor al nombre de su inventor y autor, proviene de una mentalidad que estuvo al servicio de la política de Apartheid del Estado israelí. Recordemos que Matityahu Drobles fue miembro activo del Knesset (Parlamento Israelí) en los años 70 y su principal trabajo consistía en ser creativo y estratega en la colonización de los territorios ocupados, a través

Por Kassem Asmar Castellanos

de la construcción de asentamientos ilegales judíos a gran escala en los territorios en mención. A pesar de que fue miembro del Knesset hasta 1977, no dejó de pertenecer a movimientos sionistas cuya misión y visión siempre fue el expansionismo en los territorios ocupados.

No menos siniestro es otro famoso sionista conocido con el nombre de Yigal Allon que fue miembro activo del Parlamento israelí durante más de 20 años y que a finales de los años 60, puso a consideración de su gobierno una propuesta conocida como el "Plan Allon". En pocas palabras, lo que sugería su plan es que se podía llegar a un acuerdo de paz con los palestinos pero que Israel debía quedarse con la tercera parte de Cisjordania, incluyendo Jerusalén Oriental y poblarlas con asentamientos judíos. De modo que el común denominador que une a todos estos personajes sionistas es su persistente visión expansionista y racista.

La primera norma que Israel violó al ocupar Cisjordania, la Franja de Gaza y los altos del Golán fue el estatuto de Roma de la corte penal internacional y la IV Convención de Ginebra donde sus contenidos son muy claros en el sentido de que ninguna fuerza invasora de ocupación puede poblar el territorio que ocupa y mucho menos propiciar desplazamientos para tal fin, porque sencillamente va en contra del Derecho Internacional humanitario.

El problema que surge es que es difícil condenar, en la práctica, a Israel mientras este sigue siendo protegido por su eterno socio que es Estados Unidos que lo único que hace es propiciar impunidad e injusticia contra los palestinos. Hay muchas normas internacionales que demuestran las actividades totalmente ilegales que representan los asentamientos judíos en suelo palestino y sirio. Las Resoluciones 446, 478 y 497 que fueron aprobadas por el Consejo de Seguridad de la ONU (Organización de las Naciones Unidas) son diáfanas en su contenido, pues la Resolución 446 considera la construcción y presencia de asentamientos en los territorios que Israel ocupó en 1967 ilegal, por lo tanto su permanencia no es válido por parte de la Comunidad Internacional. Además, esa misma Resolución cree que es una gran traba para cualquier acuerdo de paz. Con igual claridad es el contenido de la Resolución 478 sobre Jerusalén Oriental perteneciente a la población palestina pero que Israel

Por Kassem Asmar Castellanos

anexionó en 1980, considerándola parte de su territorio. La ONU fue contundente en el momento de dejar claro que la determinación israelí viola flagrantemente el Derecho Internacional. No es menos clara la Resolución 497 de finales de 1981 que considera que la anexión de manera tan folclórica que proclamó Israel sobre los Altos del Golán en territorio sirio, carece de tajo de cualquier validez y legalidad a la luz de la comunidad y del Derecho Internacional. El artículo 49 de la IV Convención de Ginebra (Suiza), documento firmado también por Israel, y donde dice que está prohibido la deportación, traslado y expulsión de personas cuyo territorio se encuentra bajo ocupación, ¿Cuántas veces Israel ha violado esta Convención desde 1950?

Foto 2. Fuente AFP. "Un joven alza la bandera palestina en señal de rechazo a un asentamiento judío que se ve al fondo"

Entre el 2.012 y el 2.013, unos investigadores nombrados por el Consejo de Derechos Humanos de la ONU, realizaron un trabajo investigativo de primera mano en los territorios ocupados que consistió en indagar y averiguar la política israelí referente a los asentamientos ilegales en los territorios ocupados. Fruto de la investigación de esa comisión, se concluye que no deja dudas en cuanto al significado que mostraba esos resultados, toda vez que violan grotescamente la IV Convención de Ginebra. La juez

Por Kassem Asmar Castellanos

Christine Chanet de Francia que encabezó esa comisión, dijo sin titubear que Israel debe, sin condiciones, parar las construcciones de los asentamientos y empezar de inmediato el desmantelamiento de todos sus asentamientos en los territorios ocupados, incluyendo Jerusalén del Este. Esa comisión dijo que Israel aplica una política de agresión e intimidación con el objetivo de obligar a los palestinos a salir de sus tierras con un fin claro y es el expansionismo para dar vía libre a la construcción de más asentamientos. Concluye el informe diciendo que no es viable un Estado palestino sin el desmantelamiento de los asentamientos judíos.

Una vez conocido el resultado, Israel dijo con un lenguaje cínico y absurdo y por demás totalmente irónico que la política de asentamiento en Cisjordania está "justificada por la Biblia", juzguen ustedes.

Estados Unidos bloqueó a través del uso del veto a finales del 2012, una iniciativa de proyecto en el Consejo de Seguridad de la ONU que condenaba la permanente expansión israelí de sus asentamientos ilegales en los territorios ocupados. Una vez más, Estados Unidos lanza su habitual cachetada en contra de la legalidad internacional, al respaldar las actividades criminales expansionistas de su consentido Israel en contra del pueblo palestino.

La situación de los territorios ocupados, no se debe entender sino desde la óptica de los hechos y de lo que el escenario en sí muestra. Dos situaciones totalmente identificables y diferenciables, por un lado un Estado cuyo ejercito es el invasor y el ocupante y que promueve la incesante construcción de asentamientos judíos para sumarse a los más de 150 asentamientos existentes en la ribera Occidental y por otro lado, los ocupados que deben sentir como sus vidas se convierten en seres extraños dentro de su propio territorio por culpa de las políticas discriminatorias de las fuerzas de ocupación. Ese mismo pueblo que lo único que exige es lo que cualquier otro pueblo pediría, que las fuerzas de ocupación se retiren y de paso se lleven a sus colonos judíos y a sus normas discriminatorias y racistas. Lo que pide el pueblo palestino es su legítimo derecho a la autodeterminación y que Israel deje de una vez por todas a ese pueblo a vivir en paz y en libertad tal como venía pasando

Por Kassem Asmar Castellanos

durante siglos, antes de que apareciera la ideología sionista con su pérfida pretensión de desdibujar lo que los registros históricos han plasmado a través de sus escritos, tratando de mostrar con pretextos fundamentalistas y saturado con demagogia propia del fanatismo religioso que a toda costa quieren convertir en legal lo que es ilegal, buscando incautos adeptos arrastrados por el poder de la información mediática prefabricada y tergiversada.

Todos piensan como si compartieran una misma mente, un mismo cerebro, en fin, una misma cabeza en donde se procesa el contenido de las Sagradas Escrituras con una interpretación tan alocadamente distorsionada que los resultados son altamente peligrosos, pues se genera la firme creencia que el judío tiene la facultad de obrar, acorde a esa descripción contemporánea sionista, como un ser preferencial y de raza superior como el "escogido por el ser supremo". Esta afirmación lo corroboran los muchos rabinos de renombre que generalmente se encuentran en los asentamientos judíos impartiendo ese peligroso adoctrinamiento religioso. Según esa visión que han forjado, esto les da el derecho de ser "reclamantes" de cada metro cuadrado de la superficie de los territorios palestinos, pero ahí no termina todo ya que si a eso le sumamos la célebre y postiza frase "una tierra sin pueblo para un pueblo sin tierra", todo parecía como un arreglo de algún famoso libretista de Hollywood. Otras tácticas que usaron los sionistas en las primeras décadas del siglo XX consistió en mostrar públicamente fotos de lugares y parajes deshabitados de Palestina pero a la luz pública las exhibían para "demostrar" que esas tierras estaban deshabitadas cuando los judíos empezaron a llegar a Palestina. Tácticas engañosas que no dejan de ser risibles y ridículas.

Al fin y al cabo, la hoja de ruta de estos fanáticos colonos judíos es la misma, creer que tienen el derecho inequívoco, no solo de ocupar porciones de tierras para construir asentamientos ilegales, sino que el propósito es el de despojar por completo de sus tierras a los palestinos. Esa ha sido la consigna impartida por los rabinos fundamentalistas, incluso no ahorran esfuerzos en legalizar y promover el uso de la fuerza según lo establecido por ellos, como algo totalmente aceptable desde sus estudios y enseñanzas bíblicas. De modo que esa intoxicación espiritual a la que son sometidos los colonos judíos de los asentamientos en los

Por Kassem Asmar Castellanos

territorios ocupados, llena de mucha intransigencia a la opinión pública israelí, en general.

Todos debemos estar de acuerdo que esa clase de adoctrinamiento radical, cuyo soporte son las interpretaciones acomodadas y amoldadas de las Sagradas Escrituras, son supremamente dañinas porque se convierte en una barrera de total ceguera que se interpone entre lo racional y la justicia por un lado, y la brutalidad y la injusticia por otro lado.

Partiendo de ese orden de ideas, los muchos asentamientos judíos esparcidos a lo largo y ancho de los territorios ocupados, representan el escollo más difícil de resolver en cualquier diálogo, conversaciones o acuerdo de paz en el Medio Oriente debido a que los más de 520.000 colonos judíos que viven en los asentamientos en Cisjordania y en Jerusalén Oriental, han sido adoctrinados de tal manera que en sus mentes, no cabe ni la menor posibilidad que sus asentamientos sean desmantelados. Obviamente que esa responsabilidad recae en su totalidad en el Estado de Israel, por haber llevado a cabo esa política sistemática de colonización de los territorios ocupados, contraviniendo las normas y la legalidad del Derecho Internacional y por haberse atrevido a jugar con fuego al considerar que esas colonias le pueden traer grandes ventajas a Israel a la hora de negociar. Luego así como Israel creó ese problema muy delicado, ese mismo Estado es el que debe asumir su responsabilidad ante la historia, de buscar una solución a esos asentamientos judíos.

Estados Unidos no es ajeno a ese hecho, como quiera que año tras año han financiado todas las actividades que Israel ha venido implementando en los últimos 65 años, por lo tanto debe aceptar su alta cuota de responsabilidad en haber sido partícipe en el expansionismo del Estado de Israel a costa de los intereses del pueblo palestino.

Es imposible e inviable un Estado palestino sin el desmantelamiento de los asentamientos debido a que un país no puede levantarse sobre cantones o pedacitos de territorios desconectados entre sí, además económicamente sería muy poco viable porque gran parte de la malla vial de la ocupada ribera Occidental, pertenece a los asentamientos ilegales que son los que tienen permiso para su exclusivo uso y que decir de las

Por Kassem Asmar Castellanos

fuentes hídricas del suelo y subsuelo de los territorios palestinos. Luego si partimos de estas realidades, en cualquier conversación de paz se debe tener en cuenta el problema descomunal que representa los asentamientos, de lo contrario, sencillamente sería una burla al pueblo palestino. Si los palestinos aceptan un Estado sin el desmantelamiento de los asentamientos judíos, estarían peligrosamente comprometidos a sellar un destino lleno de pobreza, subdesarrollo y humillación. Esto sería un excelente panorama para Israel debido a que bajo esa perspectiva de Estado palestino, rodeado de asentamientos por todos lados, en realidad es como tener un pedazo de Israel dentro de un Estado palestino y eso puede exacerbar los ánimos de sus habitantes, lo que hace posible el resurgimiento de la violencia. Obviamente que ese tipo de escenario es lo que siempre ha venido aspirando las fuerzas de ocupación, para tener el pretexto y la excusa de seguir perpetuando su ocupación militar en Cisjordania.

Incluso, políticos radicales de la ultraderecha israelí proponen que hay que expulsar a los palestinos en masa porque ellos pueden ir a vivir en los países árabes, sin que se sientan discriminados. Prosiguen con el argumento de que los árabes poseen muchos territorios en cambio Israel cuenta con un pequeño territorio. Lógicamente que esa clase de discernimiento y propuesta, no deja de ser una gran barbaridad y una absoluta burla contra cualquier razonamiento mediano. Los que tienen que partir de los territorios palestinos son los judíos que durante muchas décadas han echado raíces en sus países de origen como Polonia, Alemania, Francia, Estados Unidos, Rusia, Hungría entre otros, que son sus verdaderos países y patrias y no los territorios palestinos donde sus habitantes originales llevan siglos viviendo allí.

Una muestra de que los palestinos se ven muy afectados por la presencia de asentamientos en los territorios ocupados es el hecho que a pesar que teóricamente Israel se retiró de la Franja de Gaza, la situación para nada ha cambiado allí. El control del agua del subsuelo palestino hace que muy poca cantidad del preciado líquido llegue a esa parte de Palestina, adicionalmente el continuo asedio económico y militar israelí, no son motivos para alegrar a los habitantes de Gaza.

Por Kassem Asmar Castellanos

De manera inexorable, los palestinos tienen razones suficientes para creer en la inviabilidad de un Estado palestino, en medio de una red atestada de colonos judíos y de asentamientos ilegales. Ese gran clima de falta de confianza que ha propiciado Israel a través de varias décadas con leyes y políticas hostiles y discriminatorias contra los palestinos, convierte la idea de convivir entre los asentamientos ilegales en los territorios ocupados, en un imposible desde todos los ángulos que se le mire y se analice.

Varios pensantes han sugerido la idea de la inviabilidad de dos Estados separados en la zona de conflicto, es decir, el israelí y el palestino en función de la composición geográfica de los territorios ocupados, partiendo de la base que habiendo tantos colonos judíos y asentamientos ilegales en la ribera Occidental, imposibilita a los palestinos una vida normal, desde la perspectiva funcional, social, económica y política, toda vez que un Estado bajo esos parámetros haría que los palestinos vivan desconectados, en todos los órdenes que implica una nación independiente.

Si bien el argumento anterior tiene serio apoyo de la perspectiva que ofrece el actual escenario, también lo es la postura palestina que está convencida que cualquier plan de paz en la región, necesariamente debe tener en cuenta los desmantelamientos de esos asentamientos, de lo contrario se le estaría dando la razón a los radicales sionistas toda vez que ellos y solamente ellos, fueron los artífices de la política sistemática de la construcción de tantos asentamientos judíos en los territorios ocupados, luego los palestinos no están obligados a caer en ese juego de chantaje, previamente planeado por las fuerzas de ocupación. No debemos olvidar que desde el mismo momento en que se empezó a construir el primer asentamiento en los territorios ocupados en 1967, todos los países árabes y la Comunidad Internacional habían declarado la ilegalidad de esa política expansionista y las graves consecuencias que para el futuro de una solución en la región representaba. Partiendo de ese orden de ideas, Israel debe asumir la totalidad de sus nefastas políticas y no lavarse las manos pretendiendo que sean los palestinos quienes deban asumir ese error garrafal. Incluso, una inmensa culpabilidad de esa política metódica de expansión israelí en los territorios ocupados, no despertó el deber de los Estados Unidos como potencia y aliado de Israel, de ponerse al lado de la legalidad internacional, mostrándose apático frente a las continuas violaciones de la soberanía Palestina.

Cuarenta y cinco años después y bien entrado el siglo XXI, Israel sigue construyendo más asentamientos y paralelamente, con tácticas hipócritas, participa en las conversaciones de paz con los palestinos con la intervención de los Estados Unidos, que de vez en cuando le dice a Israel con un leve susurro en el oído, que "Congele la construcción de más asentamientos".

De los aproximadamente 150 asentamientos judíos que hay en Cisjordania y Jerusalén del Este, hay que sumar los 32 asentamientos que se construyeron en los altos del Golán de Siria, rara vez mencionados en las conversaciones de paz. No hay que olvidar las injusticias y agresiones que sufrieron los habitantes sirios de esas tierras cuando fueron ocupadas en 1967 por las fuerzas militares israelíes. Muchas pequeñas poblaciones fueron atacadas para obligar a salir a más de 95.000 campesinos sirios, posteriormente sus aldeas fueron destrozadas con el objetivo de construir asentamientos para los colonos judíos, en zonas libres de presencia de sirios. El principal argumento de la ocupación israelí de los altos del Golán, supuestamente es el de la seguridad debido a que queda en una pronunciada elevación y supone un peligro para Israel si llegase a caer, nuevamente, en manos de los sirios. Hoy en día, ese argumento ha perdido mucho peso, en razón a que Israel considera a los altos del Golán de vital importancia porque es rica en fuentes hídricas y abastece de agua una parte importante de Israel.

Siria nunca quiso arriesgarse a entablar directamente conversaciones de paz con Israel porque éste no ha querido comprometerse a devolver ese territorio a Siria. Los dirigentes sirios se preguntaban, ¿Cuál es entonces el propósito de las conversaciones propuestas por Estados Unidos e Israel? Los sirios siempre fueron cuidadosos con los temas de la paz para no caer en posibles trampas.

Los asentamientos ilegales han representado muchas limitaciones a los palestinos cuando tienen que ir a sus centros de trabajo o estudios ya que deben tener en cuenta que no pueden acercarse a los asentamientos, ni siquiera a las carreteras que son de uso exclusivo de los colonos judíos. Las tierras cultivables de los palestinos ubicadas cerca de los asentamientos fueron abandonadas, pues los colonos judíos están armados y los campesinos palestinos tienen serios problemas como ser recibidos con disparos. Además, está muy claro que esas agresiones quedan en total impunidad, por la doble moral y el elemento racista contemplado en el sistema judicial israelí.

Foto 3. Fuente DAVID ALANDETE Jerusalén 27 FEB 2013 - 15:58 CET806. MENAHEM KAHANA (AFP). "Imagen de la construcción de un nuevo asentamiento judío ilegal en Jerusalén Oriental"

Cuando Israel tomó la determinación de retirarse de la Franja de Gaza en el 2005 y de paso ordenó el desmantelamiento de los asentamientos que ahí se encontraban y que albergaban menos de 9.000 colonos judíos, la historia no puede ser engañosa con el mundo si se pretende presentar ese hecho como un giro radical en la política israelí hacia los palestinos y las conversaciones de paz en el Medio Oriente. En su debido momento el primer Ministro israelí Ariel Sharón dijo claramente que había tomado la determinación de ordenar el desmantelamiento de esos

Por Kassem Asmar Castellanos

asentamientos por motivos involuntarios tales como la inviabilidad de que pocos colonos puedan permanecer largo tiempo cerca de 1.400.000 palestinos que en ese entonces vivían en la Franja de Gaza y las condiciones difíciles de su geografía. De modo que aquellos que quisieron entender que esa retirada significaba un gesto de buenas intenciones hacia los palestinos, sencillamente se embaucaron en una gran farsa, especialmente que los asentamientos y el número de colonos judíos se incrementaron en Cisjordania después de iniciada las conversaciones de paz con los palestinos y ese fue el verdadero gesto de hipocresía que mostraron a todo momento los representantes del gobierno israelí en todas las cumbres.

El show mediático que en su momento exhibió el gobierno de Israel como una estratagema para dar a entender a la opinión pública internacional el enorme "sacrificio" que estaba haciendo el Estado de Israel y unos pocos colonos, donde se mostraba unas manifestaciones en contra de la "histórica determinación" de Ariel Sharón, no dejó de causar indignación y rabia entre los entendidos, especialmente los palestinos. Fue tan bochornoso el espectáculo que expusieron los diferentes medios de comunicación de Israel; la retirada de los colonos con gritos de histeria y lanzando consignas en contra del gobierno de Israel que solamente se puede comparar con las grandes tragedias humanitarias que han vivido los palestinos. Obviamente la gran diferencia que no deja de ser extraordinariamente abismal, es que las tragedias de desplazamientos y expulsiones de palestinos ha involucrado a más de 1.200.000 palestinos y no los 8.500 colonos judíos que estaban residenciados ilegalmente en la Franja de Gaza.

Israel tiene larga trayectoria teatral en mostrarse como víctima en vez de su verdadera fachada que es el de victimario. Los movimientos sionistas en Europa y Estados Unidos han hecho una labor tremendamente perjudicial en contra de los intereses del pueblo palestino desde aquel fatídico día de encuentro en el Congreso de Basilea en Suiza que convocó su máximo líder Theodor Herzel a finales del siglo XIX, cuyo "axioma" respaldado por un "Mandato divino" le daba el derecho a los sionistas judíos de colonizar cada rincón de Palestina. Esas organizaciones sionistas que han venido cumpliendo durante más de un siglo la

Por Kassem Asmar Castellanos

turbia tarea de promover la colonización de los territorios palestinos, tuvieron particular colaboración de Israel con el objetivo de la fundación del Estado judío en 1948. De hecho es que esa colaboración, bien entrado el siglo XXI, sigue tan fiel como al principio.

Es pertinente señalar que la política sistemática y descarada que tomó ribetes muy preocupantes para los palestinos, dió origen tan pronto Israel ocupó los territorios de Cisjordania, Gaza y los altos del Golán en 1967. Si bien Israel había ocupado el Sinaí de Egipto, este último territorio no ofrecía cosas interesantes ya que se trataba de un desierto en el norte de África donde Israel no le podía sacar mayor provecho, a diferencia de los demás territorios ocupados cuyo principal interés para Israel son sus tierras fértiles y fuentes de agua.

Para evitar que esos colonos judíos caigan en la monotonía y en el desinterés en los asentamientos donde residen en los territorios ocupados, se les empezó a brindar lo que cualquier ciudad intermedia europea puede tener como por ejemplo: piscinas, supermercados, farmacias, tiendas, cines, jardines infantiles, guarderías, colegios, entre otros. Incluso muchos de esos asentamientos cuentan con fábricas que producen diferentes clases de artículos. En fin, la idea de las autoridades de Israel y de la propia Organización mundial sionista, era que había que consentir mucho a los colonos judíos para que desistieran de cualquier posibilidad de retornar a sus hogares y países de origen donde realmente deberían vivir y no en los territorios palestinos. Al colono proveniente de Europa todo se le hacía fácil ya que el gobierno israelí le facilitaba vivienda muy barata, estudios subsidiados, trabajo garantizado con buen sueldo y las comodidades de rigor. Todo estaba fríamente calculado para alentar las migraciones de judíos de Europa y América a los territorios ocupados.

Tampoco hay que pasar por alto la cruda realidad que todos los gobernantes de Israel se guían por una ideología totalmente sionista con tendencia racista y con políticas de Apartheid en los territorios ocupados. Desde que Israel fue fundado en 1948 con su primer gobernante como Primer Ministro David Ben Gurion que fue secundado, entre otros, por Golda Meir, Isaac Rabin, Shimon Peres, Menahim Begin, Yitzhak Shamir, Benjamín Netanyahu,

Por Kassem Asmar Castellanos

Ehud Barak, Ariel Sharón, Ehud Olmert. Todos, absolutamente todos gobernaron teniendo como base la ideología sionista del expansionismo y las grandes migraciones judías hacia los territorios palestinos.

Para entender mejor esa cuestión, a diferencia de lo que sucedió en Sudáfrica que si bien la población negra era bien discriminada por el gobierno racista y de Apartheid de Sudáfrica, donde los peores trabajos, salarios, escuelas y educación, playas, restaurantes, viviendas, servicios médicos y todo lo que encierra la cotidianidad de una sociedad, lo poseían la clase negra de Sudáfrica, el gobierno de Apartheid nunca tuvo en su agenda la malévola idea o intención de expulsarlos y obviamente ese factor en ningún caso minimiza la responsabilidad histórica de los gobernantes de turno que aplicaron políticas de segregación racial que significaron una vergonzosa explotación y humillación contra la población negra en Sudáfrica. Es significativo aclarar que el gobierno sionista se sustenta en ideologías más nefastas que la que se aplicaron en Sudáfrica, pues las normas que en los territorios ocupados se aplican, claramente son muy discriminatorias contra los palestinos pero hay una práctica que no se alcanzó a ver en Sudáfrica en la época en que se ejercía el Apartheid y es la expulsión y desplazamiento de palestinos que superó la cifra del 1.200.000 desde la creación del Estado de Israel.

Anteriormente, ya se había mencionado como el movimiento sionista mundial siempre usó la religión y las antiguas Sagradas Escrituras como pretexto para asaltar los territorios palestinos, de modo que la relación que mantiene tan cerca la Organización mundial sionista y el Estado de Israel, se basa en que ambos son inherentes y funcionales en la propia ideología del sionismo y eso siempre se ha mantenido, antes y después de la creación del Estado de Israel. Si analizamos la política de Israel frente a los territorios ocupados y sus habitantes palestinos, vemos que no hay mayores distintivos en la visión y misión con el movimiento mundial sionista. Tanto el Estado de Israel como el movimiento sionista mundial pregonan los mismos objetivos como el aumento de los asentamientos judíos en los territorios ocupados, las migraciones de judíos de diferentes partes hacia los territorios palestinos, promover las actividades agrícolas para asegurar más

Por Kassem Asmar Castellanos

expropiaciones de tierras Palestinas, subsidio y ayuda permanente a los colonos judíos para garantizar su permanencia en los territorios ocupados y en los asentamientos, el fortalecimiento cultural y religioso de los migrantes judíos para convencerlos de sus "derechos históricos que por mandato divino poseen" en Cisjordania, Gaza y en todo Jerusalén, entre otros objetivos.

Hay varios ensayos y trabajos referentes a los asentamientos judíos en Cisjordania, donde se manifiesta que un país o nación independiente para los palestinos es prácticamente inviable, dada la cantidad de asentamientos dispersos a lo largo y ancho de los cuatro puntos cardinales en los territorios ocupados, por lo cual la tarea de sus desmantelamientos es casi imposible.

Todos los palestinos están de acuerdo de la inviabilidad de un Estado palestino en medio de esa amplia malla de asentamientos judíos por las razones y explicaciones anteriormente expuestas, lo que no aceptan los palestinos es el pobre argumento de que se diga que esos asentamientos no pueden ser desmantelados. La idea del desmantelamiento, se debe entender más por el lado de la reubicación de los colonos judíos que habitan esos asentamientos, dentro de Israel. Los asentamientos, entiéndase como las infraestructuras físicas pueden, incluso, ser comprados por los países árabes petroleros y estos a su vez, convertirse en fondos de indemnización para los colonos que en un momento dado, deban salir en un eventual acuerdo de paz palestino-israelí. De esta manera, tanto los colonos judíos como los palestinos saldrían beneficiados y mucho más el mismo proceso de paz que podría significar una solución definitiva para ambos pueblos. Otro argumento menos válido, sería que Israel muestre su interminable rostro expansionista, pretendiendo llegar a un acuerdo de paz definitivo con los palestinos, conservando los asentamientos en los territorios ocupados. Como en alguna ocasión dijo un dirigente palestino refiriéndose a la postura israelí, "quiero la paz pero también los territorios palestinos".

Por Kassem Asmar Castellanos

En conclusión, la paz en el Medio Oriente y más concretamente en los territorios ocupados, recae en gran medida en el grado de compromiso y seriedad que debe asumir el Estado de Israel. Una postura concluyente de los palestinos, es que no debe permitir la permanencia de los asentamientos en los territorios ocupados, ¿no es suficiente el 78% de territorio palestino donde descansa el actual Estado de Israel? Los palestinos solo están reclamando el 22% de todos los territorios palestinos que hasta 1947 les pertenecían en su totalidad. No hay ninguna clase de justificación moral para que Israel no se retire de los territorios ocupados y ordene también el retiro de los colonos judíos que el mismo Estado de Israel, ubicó en Cisjordania.

En el evento hipotético de un Estado palestino con las condiciones de los asentamientos judíos sin mayores modificaciones, ¿Cómo se haría la distribución del agua?, ¿Quién fijaría las tarifas del agua y la electricidad tan altas para los palestinos?, ¿De qué manera y bajo qué condiciones se desplazarían los palestinos a sus puestos de trabajo, estudio, entre otros?, ¿Cómo se harían las conexiones laborales y económicas entre las diferentes ciudades Palestinas que son, en estos momentos, como una especie de cantones fragmentados?, ¿Cuáles serán las condiciones para que los campesinos puedan sacar sus productos hacia los diferentes mercados?, ¿Qué pasará con las tierras agrícolas que los colonos judíos han venido cultivando pero que fueron abusivamente confiscadas a los campesinos palestinos por las fuerzas de ocupación israelí? Estas y otras preguntas son las que los palestinos deben analizar minuciosamente antes de firmar cualquier acuerdo de paz, con el fin de evitar sorpresas desagradables que podría significar un durísimo golpe para las reivindicaciones palestinas.

Otro punto muy importante en un acuerdo de paz palestino-israelí es el inmediato desmantelamiento y destrucción del muro de separación que ha significado un funesto perjuicio para los palestinos. De hecho se debe destruir ya que con su trazado, Israel se ha apropiado parte de los territorios que mantiene bajo ocupación desde 1967.

Por Kassem Asmar Castellanos

El argumento israelí (no tan convincente), dice que el conflicto entre palestinos e israelíes se hubiera evitado si los árabes hubiesen aceptado el plan de partición propuesto por la ONU en 1947. Esto no tiene fundamento histórico por las circunstancias y condiciones contenidas en ese plan, pues no hay que olvidar que en el contexto en que se desarrolló tal propuesta, Gran Bretaña ya había participado activamente, favoreciendo las migraciones judías a Palestina y sumado a las armas que los judíos adquirían permanentemente y ese apoyo fue abiertamente referenciado por los británicos gracias a la declaración de Balfour en 1917. En ese mismo año los judíos no pasaban de 65.000 habitantes, mientras que los palestinos eran 630.000, es decir, era una proporción de uno a diez, pero en 1947 cuando se propuso la partición de Palestina tal como lo planearon contadas potencias Occidentales que querían congraciarse con el pueblo judío, lo habían elaborado de tal manera que se evidenciaba el favorecimiento hacia los judíos, teniendo en cuenta a pesar de las continuas migraciones que durante tantos años patrocinaron países europeos como Gran Bretaña, seguía siendo mayoría la población Palestina. A víspera de empezar las discusiones en la Asamblea General de las Naciones Unidas, había 1.220.000 habitantes palestinos y 600.000 judíos y ese cambio tan dramático en la composición demográfica en Palestina, tiene su explicación en las exageradas migraciones judías patrocinadas por el movimiento sionista mundial, sin embargo, a pesar de que los palestinos eran mucho más que los habitantes judíos, la vergonzosa partición daba el 56% de Palestina, incluyendo las mejores tierras agrícolas a los judíos que eran una minoría. ¿No fueron motivos suficientes para rechazar ese plan injusto para los intereses del pueblo palestino?

Israel siempre que habla de este tema específico, saca a la luz pública una farsa en el sentido de que los árabes rechazaron ese plan porque su objetivo era destruir a Israel y expulsar a los judíos. Esto no es cierto, esta estrategia sionista obedece a una clara intención de desinformar a la opinión pública mundial, pues los hechos han demostrado lo contrario como quiera que los que fueron expulsados, desterrados y sus tierras confiscadas, han sido los palestinos a lo largo del siglo XX y lo que va corrido del XXI. En conclusión, Israel ha pretendido invertir el orden de la ecuación al insinuar que es víctima del conflicto en vez del verdadero rol que ha ejercido como es el de victimario.

Por Kassem Asmar Castellanos

Varios países europeos han empezado a entender la importancia de no seguirle el juego a Israel con su propósito de legitimar los asentamientos ilegales judíos en los territorios ocupados. Resulta que los productos agrícolas que los colonos judíos producen en las regiones ocupadas de los territorios de Cisjordania, los altos de Golán y en Jerusalén del Este, que posteriormente son exportados a una parte de Europa en países como Irlanda, Holanda, Dinamarca y el Reino Unido. Pues bien, esos productos llevan un pequeño rótulo que dice "Made in Israel" y a raíz de esta práctica ilegal, esos países han llegado a la conclusión que los artículos que son producidos en los territorios ocupados y no en Israel, no deben llevar ese rotulo engañoso. De hecho, la Comunidad Internacional, desde 1967, considera ilegales a los colonos que viven en asentamientos anclados en el corazón de los territorios ocupados. De igual manera, la mayoría de los países pertenecientes a la Unión Europea, están próximos a adoptar la misma medida, con el fin de no apoyar la grotesca maniobra israelí.

Los palestinos han manifestado su intención de vivir, lado a lado, con los israelíes con la condición de que cualquier propuesta de paz tenga en cuenta sus derechos. Un plan de paz libre de engaños, eso es, no más engaños.

Por Kassem Asmar Castellanos

4. ISRAEL Y PALESTINA DESDE LA ÓPTICA ANALÍTICA DE LOS MÁS DESTACADOS REVISIONISTAS

Para evitar confusiones o malas interpretaciones, hay que destacar que aunque todos los sionistas son judíos, no todos los judíos son sionistas. Hay muchos judíos de diferentes partes del mundo e incluso dentro de Israel que nunca estuvieron de acuerdo con las políticas expansionistas, discriminatorias y racistas que promulga el sionismo. Entre este grupo, se encuentran judíos destacados que han sabido ganarse el respeto y reconocimiento de parte de un importante sector de la Comunidad Internacional.

El famoso premio Nobel de física Albert Einstein que profesaba la religión judía, había rechazado de manera categórica la invitación que le hicieron ciertas organizaciones sionistas para que se uniera al proyecto sionista mundial. Lo que no contaban los líderes sionistas es que Einstein había conseguido suficiente información acerca de los acontecimientos que se estaban desarrollando en Palestina y de las atrocidades que se estaban cometiendo en contra del pueblo palestino y donde responsabilizó a los británicos y a los movimientos sionistas de todas estas injusticias. El célebre premio Nobel nunca dudó en catalogar a todos esos grupos sionistas de organizaciones terroristas cuya misión era sembrar el terror en Palestina para conseguir ese nefasto objetivo a costa de los palestinos.

En Israel y en otros lugares del mundo, han aparecido ciertos académicos e historiadores que han puesto mucho énfasis en profundizar a través de un análisis investigativo amplio en el estudio histórico a partir de las nuevas aportaciones que han aparecido sobre los acontecimientos que antecedieron a la creación del Estado de Israel y su posterior expansionismo. A estos académicos e investigadores judíos que tomaron la decisión de explorar la verdad, se les considera como revisionistas históricos que cansados de las interminables inconsistencias y engaños sionistas acerca del proceso que precedió el establecimiento de los migrantes judíos y posterior esparcimiento de asentamientos a lo largo y ancho de Palestina, quisieron mostrar sus puntos de vista a raíz de las conclusiones que

Por Kassem Asmar Castellanos

aportaron sus investigaciones, cuyo objetivo ha sido el de aproximarse a la realidad de esos hechos históricos.

Para evitar suspicacias, es imprescindible señalar que la posición de estos personajes académicos e historiadores no fue influenciada, en lo mínimo, por razones diferentes a la exhaustiva exploración investigativa de un importante número de fuentes y documentos históricos.

A continuación se expondrá un breve resumen del pensamiento de algunos de estos revisionistas acerca del tema que encierra concretamente el conflicto palestino-israelí.

Moshe Zimmermann es profesor de una universidad hebrea en Jerusalén. Dice que los soldados judíos voluntarios que quieren servir especialmente en los territorios ocupados, son parecidos a los alemanes que voluntariamente querían ser parte de las temidas SS. Sigue diciendo que los hijos de los colonos judíos en Hebrón que son formados radicalmente, son comparados con las juventudes hitlerianas.

No tiene duda que el holocausto fue aprovechado al máximo por los sionistas, para poder convencer a las potencias imperialistas de la necesidad de la creación de un Estado para los judíos en Palestina y no titubea al decir que Hitler merece un agradecimiento por parte del sionismo, por la creación del holocausto que ayudó, en gran medida, a la causa sionista. Hay que aclarar que Moshe Zimmermann como todo el resto del mundo, rechazaron tajantemente la actitud demencial del nacismo contra los judíos pero también se rechaza el haber aprovechado un hecho histórico catastrófico para el pueblo judío en Europa, como fue el holocausto con el fin de justificar actos criminales y medidas de injusticia contra un pueblo que llevaba siglos asentado en ese territorio del Medio Oriente y que fue despojado de todos sus derechos, como lo ocurrido con el pueblo palestino. Zimmermann sigue en su análisis al decir que la educación que se le imparte a los hijos de los colonos judíos en Hebrón por ejemplo, es tan radical que llegan a pensar que son una raza superior y que los palestinos son sencillamente enemigos, además pone de manifiesto que hay políticos de alto perfil que no paran de insinuar la importancia de la expulsión de todos los palestinos de los territorios ocupados, de modo que se puede

Por Kassem Asmar Castellanos

establecer un paralelo comparativo con lo trazado por el partido de Hitler de expulsar a todos los judíos de Alemania.

Incluso denuncia públicamente el profesor Zimmermann, de la intención de las autoridades israelíes de expulsarlos a él y a otros historiadores y académicos revisionistas por no estar de acuerdo con el pensamiento sionista, ¿no fue ese el método nazi con todo aquel que no se regía por el pensamiento impuesto?

Este reconocido profesor no oculta su decepción al considerar como un error garrafal la postura de una parte importante de la sociedad israelí, al asumir una posición firme y apática frente a la búsqueda de una verdadera paz con los palestinos. De plano, no concibe la posibilidad de un Estado palestino rodeado por todos lados de asentamientos judíos, sencillamente porque carece de sentido común.

Resalta algo interesante que puede beneficiar a ambos pueblos en el futuro, una vez creado el Estado palestino, una cooperación económica amplia entre ambos. Pero mientras los líderes políticos radicales de derecha sigan manteniendo la tesis que toda Palestina es parte integral de Israel, ¿sobre qué se va a hablar en un proceso de paz con los palestinos? Luego hay una evidente y marcada contradicción entre buscar la paz y las verdaderas intenciones de Israel.

Avi Shlaim, es un historiador israelí que ha estudiado los cimientos del Estado judío incluso mucho antes de su creación. Autor de un interesante libro "El muro de hierro, Israel y el mundo árabe". Después de una exhaustiva investigación, sostiene que las intenciones del sionismo fue la de usar solo un plan apoyado por una ideología racista que consistía en la puesta en marcha de ese mecanismo sionista en la apropiación de la totalidad de Palestina, tal como aparece en el discurso que los líderes del sionismo mundial habían pronunciado en la primera parte del siglo XX. Para reafirmar ese plan, había que crear un ejército poderoso ya que era lo único que podía asegurar tal expansionismo.

Avi Shlaim al igual que los demás revisionistas académicos, insiste que mientras no se resuelva el problema de los asentamientos en los territorios ocupados, no se puede llegar a

Por Kassem Asmar Castellanos

un acuerdo de paz con los palestinos, por lo tanto el problema del estancamiento del proceso de paz se debe a la política israelí que no muestra interés para alcanzar tal objetivo, y si lo muestra, sencillamente es una posición hipócrita para ganar tiempo y dar una imagen ante el mundo que Israel quiere la paz. Además, Avi Shlaim asegura que Israel toma decisiones políticas y militares por muy delicadas que sean, sin necesidad de consultarlo con nadie.

Este autor israelí hace una válida reflexión preguntándose ¿hasta cuándo Israel debe mantener su disposición anímica en alerta máxima frente a sus vecinos árabes, con un Estado permanentemente militarizado con un ejército gigante en comparación a la dimensión demográfica que tiene?

Por otro lado, el historiador israelí Shlomo Sand, versado en temas puntuales como la creación del Estado de Israel y profesor de historia de una reconocida universidad de Tel Aviv, autor de varios libros acerca de la creación del Estado de Israel y el papel que el sionismo jugó para lograr tal fin, cuestiona verticalmente la tesis sionista del linaje judío y la descendencia de estos, tal como lo presentan los líderes sionistas desde que aparecieron sus primeros discursos a principios del siglo XX. Shlomo Sand asegura que la mayoría de los judíos que vivían fuera de Palestina, provienen de pueblos que no tenían religión y que más tarde se convirtieron al judaísmo y por lo tanto la tesis de las organizaciones sionistas no es cierta en el sentido que los judíos sean descendientes de los antiguos judíos. Este autor alcanzó a alborotar el avispero cuando después de un estudio investigativo serio, dijo que los únicos descendientes de los antiguos judíos son los árabes-palestinos.

Es diáfano y contundente cuando afirma que el sionismo en pleno siglo XIX, ideó el concepto amplio de un pueblo judío como un gran invento para poder, posteriormente, justificar la necesidad de un Estado para los judíos en Palestina. En ese orden de ideas, Shlomo Sand dice que así como actualmente los franceses no pueden asegurar que hace varios siglos existía un pueblo francés, de la misma manera pasa con los judíos, donde la inmensa mayoría son judíos por conversión desde una época de historia reciente, por lo tanto; no tienen un origen común. Incluso hace una revelación muy importante al afirmar que líderes destacados judíos que fueron símbolos de la tesis sionista, como Yitzhak Ben Zvi y David Ben Gurion, habían escrito a principios del siglo XX que los auténticos descendientes de los judíos son los palestinos árabes. Obviamente que esa conclusión no se podía mantener muchos años a la orden de la opinión pública en general, especialmente porque ya se estaba fraguando el plan sionista de apoderarse de Palestina y eso se podía convertir en una evidente contradicción, por lo que se decidió archivar esa tesis a finales de los años 20 del siglo XX.

Este historiador asegura que el gran fraude y manipulación que sobre ese tema hicieron los sionistas, es que no presentan a la religión judía como tal, sino como pueblo y nación. La lógica sionista de sus tesis radica que cualquier judío ya sea Alemán, Francés, Italiano, Húngaro, Polaco, Ruso, etc., puede automáticamente después de un mínimo requisito, ser ciudadano israelí. De hecho que Israel es un compendio de judíos provenientes de muchos países del mundo. De modo que el mismo contenido de la declaración de Israel tambalea cuando dice que Israel fue la cuna del pueblo judío y de su formación espiritual, religiosa, política y cultural, ¿Cómo se puede enfatizar con esa afirmación cuando la mayoría de los judíos son conversos y provenientes de otros lugares como Europa? Shlomo Sand es autor de varios libros pero el que más efervescencia emocional ha generado a seguidores y detractores se titula "la invención del pueblo judío".

Shlomo Sand ratifica lo que otros historiadores habían sospechado y afirmado en el sentido en que el sionismo tomó apartes de los textos bíblicos y los convirtió en historia oficial para darle un sello válido a su tesis de la "tierra prometida" con el fin de apoderarse de Palestina, pretendiendo demostrar que le pertenece al pueblo judío. Tildó a los sionistas de ser un movimiento fundamentalista que se escudan mostrándose como un movimiento de ideología política, pero en últimas lo que hicieron fue aprovecharse de mitos bíblicos con el objetivo fundamental de convertirlos en historia oficial con un fin geopolítico nacional.

Shlomo menciona que en aras de la paz y la justicia, Israel debe estar detrás de las fronteras de 1967 y darle vía libre a los palestinos para su propia independencia, ya que Israel es una

Por Kassem Asmar Castellanos

fuerza de ocupación en Cisjordania. Concluye diciendo que los judíos descienden de eslabones de mestizajes y que solo a través de la falsificación descarada de la historia, se les ha tratado de mostrar como un pueblo con una identidad y cultura propia y la fidelidad ancestral a una tradición religiosa. Quienes más han contribuido con esa falsificación y manipulación de la historia, fueron los sionistas de finales del siglo XIX y principios del XX.

Ilan Pappe no necesita mucha presentación, ya que ese revisionista e historiador israelí, es un referente válido para entender la causa palestina en su más pura dimensión. Acerca de la creación del Estado de Israel y los acontecimientos que lo rodearon antes y después de 1948, Pappe no vacila en señalar que se aplicó un proceso de limpieza étnica contra el pueblo palestino, para imponer la presencia judía a cualquier costo humano. El resultado de esos crímenes sistemáticos auspiciados por el sionismo mundial, se refleja en la destrucción de centenares de aldeas, el asesinato de muchos civiles indefensos y la expulsión por la fuerza de decenas de miles de palestinos.

Ilan Pappe fue durante mucho tiempo profesor de la universidad hebrea de Haifa y autor de varios libros sobre el tema que envuelve el conflicto palestino-israelí. No hay forma de tildar a este autor y académico de especulador, debido a que parte de su fuente para llegar a la conclusión que sí existió la limpieza étnica contra los palestinos, son los documentos que hace poco fueron desclasificados y que corroboran lo que muchos investigadores árabes habían escrito a lo largo de los últimos 60 años. La importancia que reviste los mismos comentarios ya entrado el siglo XXI, radica que viene sustentado por autores judíos e israelíes, algo que desmiente categóricamente las grotescas y descaradas falacias de los sionistas que el Al-Nakba no era sino una salida voluntaria de los palestinos, debido al llamado que recibieron de ciertos líderes árabes y que la destrucción de centenares de aldeas, no existió.

El trabajo investigativo de Pappe, demuestra tajantemente la expulsión en masa del pueblo palestino a través de la coacción violenta y armada que protagonizaron los grupos armados sionistas. Este autor asegura que el   movimiento sionista, a principios del siglo XX, ideó y orquestó un libreto salpicado de mentiras y engaños con el fin de convencer a la opinión pública

Por Kassem Asmar Castellanos

mundial que estaban planeando seriamente en crear una patria para los judíos en unas tierras "deshabitadas".

Pappe expone en su famoso libro "La limpieza étnica de Palestina", que un breve tiempo antes de empezar las discusiones acerca de la aprobación para la creación del Estado de Israel, Ben Gurion hacía de las suyas en algún rincón de Tel Aviv, cuando ideó junto a otros sionistas, el tristemente famoso Plan Dalet, que en ese entonces registraban en sus filas más de 50.000 efectivos bien armados, donde una parte considerable de ellos habían participado y entrenado con las fuerzas británicas durante la Segunda Guerra Mundial. El Plan Dalet sugería la puesta en marcha de una práctica violenta como mecanismo para despoblar las aldeas y pequeñas ciudades palestinas con el objeto de habitarlas con los inmigrantes judíos y así distorsionar la fisonomía geográfica y demográfica y la propia historia de los territorios palestinos. El objetivo fundamental del Plan Dalet fue convertir a Palestina en un hogar exclusivo para los judíos. A pesar que en 1947 solo eran poco menos que la tercera parte de la población y no contaban con más del 8% de los territorios palestinos, descaradamente la ONU comandada por los Estados Unidos, les había asignado a los judíos ni más ni menos que el 56% de Palestina y por si fuera poco, a finales de 1948 el sionismo controlaba el 78% de Palestina.

Ilan Pappe aseguró que el Al-Nakba no terminó en 1948 ya que en 1967, aunque en menor escala, se repitió el drama cuando las autoridades militares de Israel obligaron a salir de sus tierras a muchos palestinos, especialmente, al imponer leyes asfixiantes para quebrar la voluntad del pueblo palestino, debido a que se promulgaban leyes tipo "excusa" con la finalidad de hacer detenciones sin cargos ni juicios. Además, se hacían prácticas tan abusivas como las demoliciones de casas palestinas, con el objeto de judaizar esos territorios ocupados militarmente. Este tipo de abusos continúa hasta el día de hoy.

Este autor dice que aunque el levantamiento popular palestino contra la ocupación israelí conocido como la Intifada, ha despertado buena solidaridad en la opinión pública mundial, no ha sido suficiente para poner fin a décadas de ocupación. Sin embargo, las voces de condena a la ocupación israelí han crecido en los últimos años pero hay que seguir trabajando en ese

Por Kassem Asmar Castellanos

sentido, para que eso se traduzca en hechos concretos a través de políticas reales que tengan algún impacto efectivo sobre la política de ocupación de Israel.

Pappe afirma que en Israel no hay libertad de expresión porque existe la censura, especialmente cuando alguien trata de cuestionar o poner en tela de juicio la ocupación israelí. En este aspecto, los tratos que reciben los palestinos son mucho más duros que el que podría recibir un ciudadano israelí. Por ejemplo, en el caso concreto de Ilan Pappe que ha denunciado las políticas de ocupación israelí y los maltratos que ha venido soportando el pueblo palestino por las normas militares asfixiantes impuestas por parte de Israel, hizo que Pappe perdiera su trabajo y además ha sido discriminado porque lo consideran antijudío y antisemita por haberse atrevido a divulgar la verdad. Pero si un palestino hace esa clase de afirmaciones, será detenido y maltratado.

Según este famoso revisionista israelí, los ciudadanos israelíes no conocen a fondo la realidad de los territorios ocupados porque no la han visto de primera mano y solo cuentan con ciertas informaciones manipuladas de las autoridades sionistas. Ni siquiera los colonos judíos que viven en los asentamientos de Cisjordania conocen la realidad a fondo, porque piensan que los palestinos llevan una vida normal sin contratiempos.

Este autor pone de relieve la importancia de implementar campañas de Boicot y de otras sanciones contra Israel que vaya a la par con la Organización de resistencia no violenta en Palestina. En el 2010 en una conferencia en la ciudad alemana de Stuttgart, Pappe aclaró que desde antes de 1948, la intención del sionismo ha sido la de destruir la vida de los palestinos y desde entonces sus políticas no han cambiado, pues mientras tratan de mostrar unas facetas acerca de las negociaciones de paz, simultáneamente siguen atropellando los derechos palestinos. Este académico no tiene duda que lo practicado por el sionismo en 1948 fue una limpieza étnica contra los palestinos. Además, revela que a los soldados israelíes los adiestran ideológicamente de tal manera que vean a los palestinos, ya sean niños o adultos, como enemigos. De modo que el peor enemigo de los palestinos, es el Estado de Israel que impone una ideología fascista que genera odio y violencia.

Por Kassem Asmar Castellanos

La acción vergonzosa que involucró a las Naciones Unidas en 1948 y que tuvo el beneplácito de una parte de la Comunidad Internacional con la consigna de justicia y paz, es que la ONU permitió la expulsión de más de la mitad de la población Palestina, porque supuestamente buscaba una solución justa y pacífica en Palestina, por lo tanto, la misma aplicación y la idea en que se encerró la partición de Palestina es inmoral y desgraciadamente la limpieza étnica contra los palestinos se dio a la luz del apoyo internacional, permitiendo la aplicación de los proyectos sionistas. Pappe se pregunta, ¿es esta una forma legítima de hacer democracia diciendo que es la única en el Medio Oriente? La gran mentira que Israel pretende mantener, es cuando dice que Israel es el único lugar donde los judíos pueden resurgir como un movimiento nacional y ejercer un derecho a la autodeterminación, esto con el fin de garantizar la inmigración y la colonización judía de los territorios ocupados.

Reafirma ese autor ciertos cambios en los pronunciamientos de varios gobiernos Occidentales al condenar, en un principio teórico, a Israel por sus políticas de ocupación pero el problema es que las solas palabras no van a cambiar la situación de los palestinos, como de hecho no ha cambiado en los últimos 65 años y esto se nota cuando Israel hace caso omiso a esas críticas, de ahí la necesidad de imponer sanciones prácticas y ejemplarizantes contra las fuerzas de ocupación de tal manera que en el plano real, Israel se vea afectado y lo obligue a replantear su política hacia los palestinos y los territorios ocupados, de lo contrario, muy poco va a cambiar. El problema central sigue siendo el firme apoyo militar, económico y diplomático que Israel recibe de Estados Unidos y esto termina por convertir a ese Estado sionista más intransigente y arrogante porque se sienten seguros y fuertes con el apoyo norteamericano.

Muchos aspectos de los trabajos serios e investigativos de Ilan Pappe son plausibles, aunque tenemos una apreciación un tanto distante en lo referente de ver una posible autodeterminación del pueblo palestino con un Estado propio, ya que Pappe está absolutamente convencido que dos Estados, como Israel y el otro palestino, no se pueden dar. Pappe cree que la mejor solución es el de un solo Estado para ambos pueblos donde se tenga en cuenta los preceptos democráticos, además que la justicia se

Por Kassem Asmar Castellanos

imparta por igual para todos y que se respeten las identidades y los derechos de todos.

Si bien ese planteamiento de un solo Estado para los dos pueblos, es decir, para los palestinos y para los israelíes, sería lo ideal, en términos prácticos creo que supondría la aniquilación total del pueblo palestino, en virtud de los maquiavélicos planes y estrategias que los sionistas trazaron hace más de 110 años de un Estado judío en Palestina, concebido éste como un Estado étnico-religioso, basado en una ideología racista y dominante que manipuló a su antojo, las antiguas Escrituras bíblicas con el fin de justificar el robo de tierras a los palestinos con el risible y desgastado argumento de "una tierra sin pueblo para un pueblo sin tierra", con una táctica sistemática de telaraña expansionista que consistió en expulsar a los palestinos a través del uso de todos los medios disponibles y casi simultáneamente, reemplazarlos por inmigrantes colonos judíos. De hecho, no es de extrañar que hoy en día haya tantos asentamientos judíos en los territorios ocupados en Cisjordania, que albergan centenares de miles de colonos judíos armados con fusiles de asalto con el fin de protegerse de sus "enemigos palestinos". De modo que teniendo en cuenta el insaciable apetito expansionista israelí y la mecanización mental a través de una pedagogía sionista desde las aulas escolares, combinados con el uso de un nivel exagerado de mostrar al judío como raza superior debido a la "voluntad divina" de darles el derecho sobre la tierra prometida, dudo que los sionistas y los israelíes quieran ese tipo de simbiosis nacional.

Para que esa clase de planteamiento se pueda dar, debe haber una transformación socio-cultural hacia una pedagogía sincera, honesta y con un contenido moral para conocer la historia y la verdad de los acontecimientos y de esa manera purificar los corazones de todos los que viven en esa milenaria tierra. El primer paso que se debe dar, para tener en cuenta la sugerencia de Pappe, es que las cicatrices deben sanarse y después contemplar la posibilidad de un solo Estado. Me temo que la cuestión no es para nada una tarea fácil. Por otro lado, los israelíes siempre mostraron poco interés en arreglar las cosas porque el paso del tiempo les favorece. El indicio más evidente de que Israel no quiere la paz, fue el rechazo al plan que Arabia Saudita puso a consideración de la Comunidad Internacional y de

Por Kassem Asmar Castellanos

la Liga árabe a principios del 2002, días después la Unión Europea y la Liga árabe mostraron su aprobación pero de inmediato Israel lo rechazó. El contenido de esta iniciativa no podía ser más ambicioso, en la medida en que los países árabes mostraron su disposición a dar un paso hacia adelante sobre algo que en el pasado hubiese sido casi imposible. Los puntos de esa propuesta de paz consistía en que todos los países árabes estarían dispuestos a normalizar sus relaciones con Israel en todos los ámbitos, a cambio de que Israel se retire de los territorios ocupados hasta las líneas fronterizas tal como estaban trazadas, inmediatamente antes de la guerra de 1967. Lo anterior en virtud de las Resoluciones de la Organización de las Naciones Unidas.

Volvemos a lo mismo, Israel lo que pretende es que le acepten un plan de paz tipo trampa contra los palestinos, que consiste en que el Estado sionista logre la paz pero, paralelamente, se quede con Cisjordania y partiendo de ese orden de conceptos, es prácticamente imposible que los árabes y los palestinos vayan a firmar esa clase de iniciativa o propuesta que no es seria. De modo que el problema no son los palestinos sino el Estado israelí, que no quiere ir a la par con los ordenamientos jurídicos que la Comunidad Internacional ha establecido. Otra gran razón que pone en tela de juicio la factibilidad de un solo Estado para ambos pueblos es el hecho que las autoridades de Israel vienen manejando un argumento no tan antiguo que tiene que ver con los asentamientos. Ahora, tienen la gallardía y la desfachatez de decir que Israel tiene el derecho de agrandar sus asentamientos en Cisjordania porque eso obedece a "una expansión natural". Por ejemplo, un asentamiento que tiene 3.000 colonos judíos pero con el transcurrir del tiempo ya no son 3.000 colonos sino que aumenta a 4.000 o 5.000 colonos. Partiendo de este nuevo panorama demográfico, las autoridades de Israel se tomarán el derecho propio de su particular interpretación de ese escenario, para decir que es legal anexionar más territorios palestinos para responder adecuadamente a esa "expansión natural" a la que hace referencia y de paso aumentar el saqueo del agua del subsuelo Cisjordano.

Por Kassem Asmar Castellanos

Además, como iría a llamarse ese Estado único, ¿palestino-israelí?, ¿Quién mandaría en los aspectos políticos y demás Ministerios existentes?, ¿Cómo estaría conformado un posible parlamento compartido?, ¿de qué manera se usarían los recursos disponibles como el agua, la electricidad, la malla vial y las tierras fértiles, es decir, todos tendrían el mismo derecho?, ¿Cuál sería el status de los asentamientos judíos en Cisjordania? Y otras tantas preguntas que hacen que la idea de un solo Estado para ambos pueblos sea algo utópico.

El problema para un solo Estado no son los palestinos sino la misma concepción ideológica sionista que invalida cualquier participación de los árabes-palestinos, debido a que esa ideología considera que los únicos que tienen derecho sobre todo el territorio palestino, son los judíos independientemente de donde provengan.

Noam Chomsky, gran filósofo y analista norteamericano de origen judío. Es de los pensadores más sobresalientes de las últimas décadas y será mencionado en esta obra por dos razones, la primera porque junto con Ilan Pappe ha hecho un gran aporte investigativo acerca del tema que encierra el problema palestino-israelí y los territorios ocupados y la segunda razón es que es un visionario de gran credibilidad a nivel internacional, al exponer sus apreciaciones acerca de la política exterior de Estados Unidos en todos los ámbitos y hechos que rodean diferentes regiones del planeta.

Una vez me encontraba haciendo una exposición en una universidad colombiana acerca de este tema y recuerdo que durante una intervención fui moderadamente increpado por un pequeño grupo de estudiantes, cuando dije que la mejor excusa que Israel tiene para seguir extendiendo su telaraña expansionista y su agresión criminal en los territorios ocupados palestinos, es precisamente que Hammas siga disparando sus cohetes artesanales Qassam dentro de Israel, ya que lo único que hacen son daños menores en el suelo y el estallido de vidrios en las edificaciones y con esto no pretendo justificar esas acciones, pero mucho menos hay que justificar la respuesta exageradamente desproporcionada del ejército israelí, que con su poderoso arsenal aéreo y terrestre causan destrucción masiva en vidas y en infraestructuras a la población civil Palestina. En las

Por Kassem Asmar Castellanos

últimas incursiones y ofensivas del ejército israelí en la Franja de Gaza como respuesta a los lanzamientos de los cohetes Qassam por parte de las milicias de Hammas, se resume de la siguiente manera: a finales del 2008 y comienzos del 2009, Israel activó su plan guerrerista contra Gaza, plan conocido como "plomo fundido". A decir verdad, quienes terminaron fundidos por culpa de esa acción cobarde y barbarie, fueron los civiles desarmados palestinos, ya que el saldo de semejante incursión criminal por tierra y aire con incesantes bombardeos, no podía ser diferente; 1.350 palestinos muertos (la mayoría civiles indefensos) y 17 israelíes muertos donde la mayoría eran militares, sobra decir la abrumadora diferencia en pérdida de vidas. Ni siquiera se salvó el edificio de las Naciones Unidas en Gaza por culpa de los bombardeos.

No es difícil concluir que nunca hubo enfrentamientos entre fuerzas armadas opuestas, sino lo que se dio en el escenario fue un ataque aéreo y terrestre salvaje y cruel contra los indefensos habitantes de Gaza.

Aunque en menor grado, en noviembre del 2012 se repitió la historia cuando Israel reactivó su ofensiva militar contra la Franja de Gaza, esta vez bautizada con el nombre de "pilar defensivo" y como sucede de costumbre, el resultado fue de 140 palestinos muertos, la inmensa mayoría civiles. Por parte de Israel no hubo víctimas salvo unos heridos que se podían contar con los dedos de las manos. Si sumamos las dos ofensivas criminales judías a Gaza, el resultado sería de 1.490 palestinos asesinados y tan solo 17 israelíes muertos. El resultado es muy elocuente ya que Israel practica una política criminal contra los palestinos, parecida a la de un bandolero sin ley.

La reflexión y conclusión que debemos hacer, ¿vale la pena que Hammas siga lanzando sus artesanales cohetes, cuando la respuesta israelí contra los palestinos es más que genocida? Los palestinos no les queda sino una vía de lucha y es a través de las manifestaciones y las protestas pacíficas y obviamente, divulgar a la opinión pública internacional las injusticias que están pasando en los territorios ocupados, de lo contrario, sería una lucha entre tigre y burro amarrado.

Por Kassem Asmar Castellanos

Sobre ese particular, me reconforta leer ciertos apuntes contenidos en una entrevista que concedió Noam Chomsky a Frank Barat, periodista y reconocido activista de los derechos humanos donde Chomsky dice, palabras más palabras menos, que el Estado israelí y sus gobernantes, siempre salen favorecidos con los lanzamientos de los pequeños cohetes Qassam por parte de Hammas. Esto le da la excusa perfecta a Israel a responder con la máxima violencia a esa agresión "terrorista Palestina" y causar muchas muertes y destrucción entre los palestinos. Por eso, para Israel es el mejor regalo que Hammas mantenga esa práctica de seguir lanzando sus Qassam. Chomsky continua opinando que lo mejor que pueden hacer los palestinos es la lucha no violenta como las protestas y manifestaciones donde se puede lograr mayores éxitos.

Sería una irreverencia no mencionar a Norman Finkelstein, ya que es una autoridad de gran proyección analítica de muy aceptada credibilidad a la hora de exponer sus ideas con respecto a la problemática en los territorios ocupados. Hijo de padres judíos que tuvieron que lidiar desesperadamente con la persecución Nazi. Aunque no es ciudadano israelí, este norteamericano conoce mejor que nadie todas las circunstancias que rodearon la creación del Estado de Israel y la penuria que en las últimas décadas le ha tocado vivir al pueblo palestino bajo las fuerzas de ocupación del Estado hebreo. Su madre, mujer de inquebrantable e intachable moralidad, siempre inculcó en el joven Finkelstein, el aprecio hacia lo moral y la verdad por encima de cualquier consideración o palpitaciones subjetivas. Por tal motivo, es un honor tener la oportunidad de mencionarlo en esta sencilla obra, con el fin de aprender de sus experiencias académicas investigativas y prácticas y de esa manera encontrar una luz más clara al final del túnel.

En su libro "La industria del holocausto", Finkelstein empieza descubriendo el manejo que le ha dado los movimientos judío-sionistas a la cuestión del holocausto como una vitrina para justificar sus acciones después del fin de la Segunda Guerra Mundial con la incorporación de muchos simpatizantes y popularidad internacional, debido a la imagen del holocausto y de los campos de concentración.

Por Kassem Asmar Castellanos

No tiene duda que la imagen del holocausto ha sido aprovechada por Israel hasta el día de hoy, para llevar a cabo cualquier tipo de acciones bélicas, no solamente contra los palestinos, sino además, contra sus vecinos árabes.

Finkelstein aclara que la popularidad hacia Israel se vino en picada antes de la guerra de 1967, pero una vez finalizada la guerra, la opinión pública mundial empieza a escuchar acerca de los atropellos que los militares y la fuerza de ocupación sionista asestaban contra los árabes-palestinos y los tratos tan inhumanos que padecieron los palestinos con el objetivo de que abandonasen sus tierras, el respaldo internacional hacia Israel llegó a su nivel más bajo. Finkelstein asegura que la imagen de Israel bajó tanto que los cabecillas de los sionistas y el lobby judío en Estados Unidos, activaron un plan para nuevamente buscar la solidaridad de la opinión internacional pero siempre aprovechando la cruel imagen de los campos de concentración del holocausto y del sufrimiento del pueblo judío en manos de los Nazis. De modo que Israel desde su creación, argumenta Finkelstein, siempre ha cometido crímenes y atropellos, escudándose con lo que el mundo sabía del holocausto y de otra manera presentar a los judíos como las victimas de cualquier acción, es decir, pasar de victimarios a víctimas justificando cualquier acción criminal contra los palestinos.

Este autor insiste en decir que Israel cometió muchos abusos en Palestina como por ejemplo la expulsión en masa de los palestinos para poder robar sistemáticamente sus tierras, con el fin de ser entregadas a los inmigrantes judíos que llegaban a Palestina de diferentes lugares del mundo, pero sigue explicando Finkelstein que el descaro israelí y sionista radicaba que aprovechando las duras imágenes del holocausto y a través de mentiras y engaños publicitarios en presentar a Israel como la víctima que siempre está siendo asediado violentamente por sus vecinos árabes. Los diferentes medios de comunicación están en su mayoría, bajo el control de los judíos y por lo tanto exageran, acomodan y tergiversan las informaciones a favor de Israel.

En otro aspecto, y en esto coincide la mayoría que han tenido la oportunidad de estudiar y repasar el transcurrir de los acontecimientos y los desenvolvimientos históricos en Palestina desde el principio del siglo XX y hasta nuestros días, Finkelstein

Por Kassem Asmar Castellanos

desentraña la falsa idea que los políticos norteamericanos e israelíes sionistas han pretendido presentar el conflicto palestino-israelí, como una cuestión muy compleja de resolver y por lo tanto tomará mucho tiempo para su resolución. Bueno, esto es totalmente falso. El problema palestino no se ha resuelto por que no ha habido ni la intención política, ni mucho menos moral por parte de los estadounidenses y los israelíes. Israel no quiere acogerse a la legalidad de la Comunidad Internacional, al no aceptar retirar sus fuerzas de ocupación de Cisjordania y desmantelar sus asentamientos judíos en los territorios ocupados y precisamente eso es lo que hace que el conflicto palestino sea tan complejo, no por parte de los palestinos sino por las trabas que ha impuesto el Estado israelí a lo largo de décadas.

En esto muchos coinciden sin vacilación con el señor Finkelstein. Desafortunadamente, esta situación se ha mantenido debido al bloqueo constante que ha ejercido Estados Unidos con el uso del veto para frenar cualquier iniciativa que se presente por parte de la Comunidad Internacional, en el recinto principal del Consejo de Seguridad de las Naciones Unidas. De modo que el derecho del pueblo palestino no tiene mayor relevancia para Estados Unidos, en la medida que éste último solo le interesa salvaguardar los intereses ilegítimos de Israel en los territorios ocupados, así sea dándole la espalda al derecho y a las normas internacionales.

Se tomó la determinación de incluir a Jimmy Carter en este segmento del libro por varias razones, entre las cuales se podría mencionar que Jimmy Carter fue presidente de los Estados Unidos desde 1.977 hasta 1.981, pero la razón más importante que me impulsó a mencionarlo, es que Carter fue de los presidentes norteamericanos que más apoyo militar y económico le otorgó a Israel a lo largo de toda su administración, pero años después y lejos de la vida política y con la ayuda de un clima de reflexión más propicio, cambió notoriamente su visión acerca del conflicto entre palestinos e israelíes. ¿Cómo pudo suceder esto?, muy fácil, tampoco hay que convertir ese cambio en un acontecimiento del tamaño de la Muralla China, simplemente que Carter se dedicó a estudiar e investigar la historia contemporánea de Palestina más a fondo y llegó a la conclusión, que todos los hechos que rodearon la fundación del Estado de Israel y el expansionismo que ejerció para hacerse, por la fuerza, con el

Por Kassem Asmar Castellanos

control de la totalidad de Palestina, sencillamente estaba sujeto a un espiral de engaños, mentiras y tergiversación de los acontecimientos reales y verídicos por parte de los sionistas y las mismas autoridades de Israel.

A raíz de la publicación de su libro: "Palestina: paz y no Apartheid", Carter ha puesto el dedo en la llaga al denunciar, públicamente con esta obra, la verdad semioculta de las políticas agresivas y racistas de Israel contra los palestinos. Su libro ha tomado mucho más relevancia debido a que su autor es un personaje de respeto que además, fue presidente de Estados Unidos, de paso convirtiéndose en el primer mandatario en atreverse a hablar, sin tapujos, sobre la cuestión Palestina.

Jimmy Carter llega a la conclusión y lo plasma en su obra en un lenguaje directo y sin tantos rodeos que el estancamiento del proceso de paz entre palestinos e israelíes, se debe a los permanentes obstáculos que Israel esgrime para impedir llegar a un acuerdo serio con los palestinos. En ese sentido dice Carter, que las intransigencias de los líderes israelíes radica en no querer acatar las normas internacionales. No solamente se resisten a un retiro de los territorios ocupados, sino que además practican contra los palestinos, una política de opresión y de normas racistas.

Otro de los serios obstáculos es el apoyo constante Estadounidense a Israel y el poco esfuerzo que el gobierno norteamericano hace para resolver ese conflicto. Esto hace que los sentimientos antiestadounidenses en el mundo, se incremente porque ven que todos los atropellos que padecen los palestinos son tolerados con mucha complacencia por los líderes norteamericanos.

Habla por ejemplo del enorme muro que construyó Israel, con la excusa que era para garantizar la seguridad a los ciudadanos israelíes. Pues bien, el verdadero propósito de ese muro es seguir apropiándose de más tierras de lo poco que les queda a los palestinos, pues se adentra claramente en Cisjordania con el argumento de mantener seguros a los colonos judíos que viven en asentamientos que ilegalmente están en los territorios ocupados. Acusa a Israel de implementar una política de Estado consistente en la discriminación, el maltrato y el uso de la fuerza e institucionalizar la política de despojo y confiscación de tierras para colonizar la mayor cantidad posible de los territorios ocupados de Cisjordania.

El calificativo de Apartheid que Carter endosa al Estado de Israel, obedece a la política de mirar a los árabes con tanta indiferencia que se refleja en la reducción de sus derechos a través de la discriminación que ejercen las autoridades civiles y militares israelíes contra los palestinos. Incluso, Israel ha dispuesto de carreteras exclusivas para los judíos que viven en los asentamientos en los territorios ocupados de Cisjordania. Los derechos de los palestinos se han reducido tanto que la Franja de Gaza se asemeja a una gigante cárcel sin techo. De modo que Carter expone de manera análoga, estableciendo una correlación del trato que recibe los palestinos bajo la fuerza de ocupación, con los tratos que en su momento recibían los negros de parte del sistema de Apartheid de Sudáfrica, lo que en español se conoce como segregación racial.

Vale la pena resaltar que más de una autoridad en Israel se ha pegado golpes en el pecho al tener que visualizar el término Apartheid con el conflicto palestino-israelí y más aún, que provenga de un libro escrito por un presidente norteamericano que mostró mucha simpatía hacia Israel durante su mandato pero la exploración hacia la honestidad y la justicia, terminaron por inclinar la balanza hacia el lado que menos le gusta a Israel; la verdad.

Por otro lado, el ex presidente Carter tuvo la valentía de presentar su obra en una nación como la estadounidense, donde la distorsión mediática acerca de la cuestión Palestina, ha tenido bajo engaño durante muchos años y aún sigue engañando gran parte de los ciudadanos norteamericanos. Por lo tanto, criterios tan diametralmente opuestos donde lo único que se pretende mostrar es la realidad de los acontecimientos de los territorios ocupados, cae bastante mal en el lobby judío que ve que su castillo de mentiras y engaños comienza a derrumbarse.

Por Kassem Asmar Castellanos

A principios del año 2012, la reconocida profesora de la universidad hebrea de Jerusalén Nurit Peled Elhanan, publicó un libro donde, básicamente, se denuncia el programa radical escolar que las autoridades de Israel imparten a los niños israelíes en sus escuelas. El título del libro "Palestina en los textos escolares; ideología y propaganda en la educación". En esta obra, la autora israelí pone en gran relieve la sistemática maniobra de lavado de cerebro y manipulación que ejercen sobre los pequeños niños judíos en aras de crear un rechazo y odio contra los árabes y particularmente contra los palestinos, que terminan por convencerse que son enemigos a eliminar. De esta manera esta profesora se volvió investigadora de primera mano al analizar minuciosamente los textos escolares que reciben los niños israelíes. Llegó a la conclusión que el efecto psicológico es abrumador, de tal manera que es perfectamente perceptible que vean a los palestinos como una sociedad inferior en la que no debe haber sensibilidad hacia ellos, ¿se imagina a esos niños israelíes convertidos en soldados? Obviamente que las organizaciones sionistas pusieron rienda suelta a su imaginación para elaborar esas cartillas escolares.

Esta ciudadana y académica israelí, experta en literatura y educación, ha venido denunciando el perfil racista que las autoridades de Israel le han dado a la educación, enfocado primordialmente para desprestigiar a los palestinos y para presentarlos como enemigos de Israel. La profesora Peled le tocó vivir en carne propia el amargo sabor del conflicto, cuando perdió a una hija muy joven en un atentado suicida llevado a cabo por un palestino, pero siempre se mantuvo en su posición en el sentido de manifestar su total desacuerdo con la política israelí de ocupación, como su vertical rechazo a las políticas de construcción de asentamientos judíos en los territorios ocupados. No vacila en acusar a Israel por la muerte de su hija debido al odio y resentimiento que han originado en la población Palestina, a raíz de las políticas racistas e injustas contra los palestinos y adicionalmente a eso, la constante confiscación de tierras con el objetivo de construir más asentamientos para los nuevos inmigrantes judíos. Por tener la valentía de hablar a favor de la causa Palestina y en contra de la política de ocupación israelí, en el 2001 el parlamento europeo reconoció sus esfuerzos en pro de la paz, concediéndole el premio Sajarov.

Por Kassem Asmar Castellanos

La intuición de esta mujer es admirable, pues se fijó en las conductas hostiles de los soldados israelíes en contra de los palestinos y después de una seria exploración investigativa, llegó a la conclusión que el problema se origina en el sistema educativo de Israel. Cuando un ciudadano israelí termina su bachillerato y está a puertas de cumplir la mayoría de edad, se alista para el ejército con una imagen definida de lo que son los palestinos, ya que los ve con un rótulo que dice "terroristas" y de ahí la perdida de sensibilidad humana hacia el pueblo palestino.

Nurit Peled, denuncia la manipulación israelí abierta y descarada de la historia y de los hechos contemporáneos que tienen que ver con el pueblo palestino, toda vez que nunca escriben acerca de las estadísticas demográficas y geográficas del pueblo palestino y mucho menos a la hora de ilustrar los mapas en los textos escolares israelíes, como si el pueblo palestino nunca hubiese habitado esas tierras. Cuando muestran los asentamientos judíos en Cisjordania, los ilustran pero como si alrededor de esos asentamientos ilegales, no viviesen palestinos. La idea es tratar de justificar la razón de ser de esos colonos judíos en los territorios ocupados. Siempre muestran a los palestinos como primitivos y carentes de cualquier progreso. En cuanto a la expulsión de los palestinos, incluso de la época que antecedió a la creación del Estado de Israel, esas cartillas escolares niegan que haya habido tales expulsiones. Además, niegan que los palestinos hayan sido maltratados, simplemente que los que se marcharon, lo hicieron de manera voluntaria. Israel, la mayoría de las veces a los palestinos los llaman árabes con el objetivo de dar a entender que tienen a donde ir ya que los países árabes son muchos. Las veces que lo mencionan con el nombre palestino es cuando son relacionados con el término "terrorista".

De todas maneras, Nurit Peled no se cansa de defender los derechos humanos de los palestinos y sostiene con firmeza la convicción de que la política que pretende mantener Israel con la ocupación de Cisjordania, junto a los asentamientos judíos, es un muro de contención contra cualquier intento de paz de la región.

Por Kassem Asmar Castellanos

5. EL MURO DE SEPARACIÓN; UNA ESTRATEGIA QUE VA MÁS ALLÁ DE LA CUESTIÓN DE SEGURIDAD

En el año 2002, el primer Ministro Ariel Sharón encontró luz verde a un proyecto que su gobierno había aprobado. Ese proyecto consistía en levantar muros y diferentes clases de cercas y vallas electrificadas con el fin de impedir la entrada de terroristas palestinos y evitar los ataques suicidas contra habitantes israelíes. Bueno, esa era la razón aparentemente para la construcción de ese muro que debía serpentear a lo largo de los territorios ocupados, aunque en la medida en que se iba avanzando en las obras, otras evidencias y propósitos del ejecutivo israelí, mostraban que el objetivo real de ese muro iba mucho más allá de la cuestión de seguridad.

Para que nos hagamos una idea de la tremenda zancadilla que Israel le hizo al pueblo palestino y a la Comunidad Internacional con esta ilegal obra, partamos del hecho que la línea verde, que es la demarcación fronteriza que el derecho y las normas internacionales fijaron en 1.949 para separar Israel de Cisjordania, tiene una longitud de aproximadamente 360 km de largo y si tenemos en cuenta que el muro y vallas electrificadas que separan Cisjordania de Israel, tienen un trazado de 720 km es decir, el doble de lo que mide la línea verde fronteriza. Nos podemos dar cuenta sin necesidad de acudir a complejos centros de investigaciones, que Israel cometió un asalto por las vías de hecho, confiscando más territorios palestinos de Cisjordania que equivalen al 9% de la ribera Occidental.

Clara evidencia que sus argumentos están plagados de engaños y mentiras, parte de la base de que sus acciones de justificar la construcción del muro se debió a las operaciones suicidas de palestinos dentro del territorio israelí, y las preguntas que millones de personas se hacen en diferentes lugares del mundo es la siguiente, para que Israel garantice su seguridad ¿debe robar y confiscar territorios palestinos de Cisjordania adentrándose más allá de la línea verde fronteriza?, ¿debe robar decenas de pozos de agua, destruir casas y desplazar a sus moradores?, ¿para qué Israel garantice sus seguridad debe destruir las tierras agrícolas de muchos palestinos y asignarlas a los colonos judíos de los asentamientos?

Por Kassem Asmar Castellanos

A los pocos meses de haber empezado la construcción del muro, Israel no respetó una Resolución en el 2003 de la Asamblea General de las Naciones Unidas que le exigió el fin inmediato de los trabajos de construcción, sumado a un claro pronunciamiento en el 2004 de la CIJ (Corte Internacional de Justicia) en el sentido que el muro en sí, es una flagrante violación de los derechos humanos y del Derecho Internacional humanitario. Además carece de toda coherencia ética y moral al comprobarse que el propósito del muro y el hecho que el trazado del mismo no respeta en lo absoluto la línea verde fronteriza, se puede concluir que los objetivos del muro encierra otros intereses para el Estado de Israel.

Por su parte, Amnistía Internacional ya había emitido un comunicado por medio del cual consideró que el muro no tiene justificación y que claramente viola las normas internacionales, al adueñarse de facto de una porción de los territorios ocupados de Cisjordania al adentrarse en su territorio con el trazado abusivo del muro para "proteger" a sus colonos ilegales que viven en asentamientos esparcidos en Cisjordania. Las estadísticas muestran que hay más de 530.000 colonos judíos en suelo cisjordano, que viven en medio de 2.5 millones de palestinos.

Se calcula que el 82% del trazado del muro se adentra en los territorios ocupados. Para levantar el muro, se demolieron muchas casas de palestinos y todo el cultivo que el trazado arbitrario encontró a su paso, también fue destruido. Otras tierras fueron confiscadas y muchos habitantes pertenecientes a más de 40 pueblos, quedaron aislados entre el muro y la línea verde y más del tercio quedaron completamente rodeados y cercados por el muro, estilo gueto.

Al proteger con el trazado del muro a aproximadamente 50 asentamientos judíos, Israel pretende justificar una vez más, el espiral de violaciones a la soberanía del pueblo palestino al adentrarse a territorio cisjordano. De facto, se apodera por esa vía del 9% de la ribera Occidental que en sí es muy pequeño, ya que no supera los 5.600 Km^2

Por Kassem Asmar Castellanos

El muro ha significado para muchos palestinos un candado alrededor de sus cuellos como quiera que ha fragmentado poblaciones árabes en una especie de guetos o cantones. De hecho, más de 240 Km^2 de sus tierras agrícolas y unos 50 pozos de agua de Cisjordania, quedaron en manos de Israel y sus colonos. Todo esto gracias al trazado racista del muro. El pueblo palestino quedó confinado a una división permanente de su territorio. El problema más delicado lo perciben aquellos palestinos que quedaron entre el muro y la línea verde, debido a las limitaciones y al empeoramiento de sus calidades de vida. Este hecho afecta a más de 40 pueblos palestinos.

A lo largo del muro hay muchos puestos de control o check points y el problema para muchos palestinos es que para ir al otro lado, no hay otra forma sino pasar por ellos. Por ejemplo, si un palestino quiere ir a su lugar de trabajo que está a escasos kilómetros de su vivienda, debe hacer un recorrido mucho más largo debido a que primero, debe llegar a esos sitios de entrada y salida que se ubicaron en diferentes tramos del muro y tener en cuenta que esos sitios tienen horario de apertura y cierre. A muchos palestinos les ha tocado esperar por largo tiempo hasta que abran los portones de acceso, lo que se convierte en sí, en una humillación de las tantas a las que han tenido que someterse. Pero esas clases de trabas o dificultades no son propias de los trabajadores, también los estudiantes de todos los niveles tienen que lidiar con esos tropiezos que imponen las fuerzas de ocupación. El muro también implica trabas para cualquier diligencia o servicio al que quiera acceder muchos de los palestinos. Por ejemplo, al ir a un centro de salud se debe tener en cuenta el tiempo que toma el recorrido desde su vivienda hasta llegar al lugar deseado.

Datos estadísticos muestran que por culpa del muro, muchos palestinos han perdido sus empleos al llegar varias veces tarde al lugar de sus trabajos. Los campesinos palestinos han sentido el rigor y el abuso que ha significado para ellos el muro, pues se ha corroborado muchos casos de palestinos cuyos sustentos se derivan de la actividad agrícola, pero como sus tierras quedaron al otro lado del muro y las dificultades de llegar allá son duras que sumadas a el horario restringido que imponen las autoridades militares sionistas, hacen que todas estas medidas hayan provocado que se pierdan muchas cosechas que terminan por obligar al pobre campesino palestino a abandonar esa actividad.

Foto 4. Fuente AFP. *"El muro de separación levantado por Israel"*

Otra traba que surge para los campesinos, es cuando quieren comercializar sus productos en diferentes lugares de Cisjordania ya que el desplazamiento se puede convertir en un viacrucis, acompañado con un sentimiento de impotencia, máxime que se trata de productos perecederos. ¿No es eso lo que siempre ha buscado Israel para que el agricultor palestino se desespere y abandone su tierra y de esta manera, sea aprovechada por los colonos judíos que viven en los asentamientos?

Además, se debe acreditar permisos especiales acorde al lugar a donde cada palestino se dirige. Por ejemplo, tiene que aclarar si va al trabajo, a un puesto de salud, a un centro educativo, algún lugar de trabajo agrícola, etc. El hecho que se tenga que esperar hasta que pueda pasar, hace sentir al palestino que se encuentra preso dentro de su territorio y la sensación de frustración está a la orden del día. En el caso de la ciudad de Jerusalén, Israel ha radicalizado su postura en contra de los palestinos al declarar a Jerusalén su capital indivisible.

Después de la guerra de 1967, expulsaron a muchos palestinos y confiscaron grandes extensiones de tierra con el fin de construir bastantes asentamientos y albergar a las decenas de miles de judíos que venían de diferentes lugares del mundo. Al apoderarse de la parte Oriental de Jerusalén que es la que pertenece a los palestinos, estos desobedecieron el Derecho Internacional. Sobre ese aspecto, el Consejo de Seguridad de la ONU fue claro al pronunciarse a través de la Resolución 478, por medio de la cual declaró ilegal e inaceptable la medida israelí. Israel ha implementado una férrea política de judaización de Jerusalén.

Desde hace mucho tiempo los palestinos de Cisjordania (la parte Oriental de Jerusalén, es parte de Cisjordania), no pueden visitar con libertad ningún lugar de Jerusalén, a menos que cuente con un permiso especial que justifique ese desplazamiento. El acceso para llegar a la Ciudad Sagrada es a través de los famosos check points o puestos de control que rodean la ciudad de Jerusalén. Si algún palestino enfermo quiere llegar a algún hospital en Jerusalén, tiene que hacer transbordo de ambulancia hacia una que tenga matricula israelí, pero el paciente debe tener un permiso para entrar a Jerusalén, independientemente de su estado de salud. Para completar, el trazado del muro hizo que Jerusalén del Este quedase, en gran parte, del lado israelí y muchos palestinos quedaron aislados de Cisjordania ya que el muro los rodea completamente y otros tantos casos que vislumbra un panorama de más humillación para el pueblo palestino, con la complicidad de la Comunidad Internacional que no va más allá de unas simples y teóricas condenas. Si la calidad de vida bajo la ocupación israelí era difícil, se ha vuelto aún más compleja a raíz del levantamiento del muro.

Una de las normas que más protege el Derecho Internacional es el de la libre movilidad, donde dice que cualquier ciudadano dentro de su territorio puede elegir su lugar de residencia y la facilidad de su desplazamiento. Amnistía Internacional ha dicho varias veces que es muy evidente la violación a las normas del Derecho Internacional que Israel comete con las consecuencias que acarrea para la vida cotidiana de los palestinos con el levantamiento del muro. Además, la confiscación de tierras a los palestinos para pasarlas a manos de los colonos judíos que quedaron "protegidos" con el muro es sencillamente una piratería terrestre de un descomunal atropello y abuso que las autoridades militares sionistas llevan a cabo con el beneplácito del ejecutivo central israelí y obviamente con la postura plausible que mantiene el gobierno norteamericano.

La insolencia y el cinismo del gobierno israelí rebasan totalmente los límites del descaro, al decir que Israel tiene el derecho de anexionar parte del territorio cisjordano por "motivos de seguridad", así haya que recurrir a la destrucción de viviendas palestinas, la confiscación y robo de tierras y la destrucción de campos agrícolas.

Cuando el tema se trató a finales del 2003 en la CIJ (Corte Internacional de Justicia), el fallo en contra de la construcción del muro fue abrumador ya que de los 15 jueces que integran esa corte, 14 votaron en contra de Israel al exigirle detener todas las obras relacionadas con la construcción del muro toda vez que violaba, flagrantemente, el Derecho Internacional. Además, se le exigió a Israel el desmantelamiento de los tramos construidos. El único voto que no quiso unirse al unánime fallo fue el de Estados Unidos, aunque no fue difícil de predecir. Horas después, Israel a través de su flamante primer Ministro Ariel Sharón, dijo que el fallo de la CIJ pasará al basurero de la historia.

Israel es el Estado que más ha pisoteado y violado Resoluciones y dictámenes de la Comunidad Internacional y de hecho lo ha venido haciendo desde hace 65 años, luego no es de extrañar su posición que se ve fortalecido por el apoyo norteamericano. En las condiciones actuales, no es posible llegar a construir un verdadero Estado palestino independiente ya que en virtud de las artimañas y políticas racistas israelíes, Cisjordania quedó fragmentada en varios pedazos. Por citar unos ejemplos; por un lado tenemos a Qalqilia, Jenin y Salfit. Por otro lado Belén y Hebrón. De modo que no es de extrañar que Israel sea visto como un Estado que aplica políticas discriminatorias y de Apartheid. ¿Por qué es un Estado de Apartheid y racista?, porque confisca ilegalmente tierras a los palestinos, destruye casas, limita el acceso al trabajo y a la libre movilidad al pueblo palestino, aísla a muchos campesinos de sus tierras agrícolas y aplica normas discriminatorias que favorecen a los colonos judíos.

Por Kassem Asmar Castellanos

Todo esto con el ánimo claro de beneficiar a los judíos residentes tanto en Israel como en los asentamientos judíos en Cisjordania.

Queda claro que con el muro que construyó Israel, se han apoderado por las vías de hecho del 9% de Cisjordania pero no hay que olvidar que el plan sionista de Theodor Herzel, fijado en el Congreso judío en Basilea a finales del siglo XIX y ratificado en la ideología del líder sionista Ben Gurion, cuando dio a entender que las verdaderas intenciones del sionismo y de los diferentes líderes judíos, era de apoderarse de la totalidad de Palestina. Las artimañas sionistas en Palestina han sido como un cáncer que poco a poco se ha venido extendiéndose a cada rincón de los territorios palestinos con el objetivo de poblarlas con inmigrantes judíos y a la misma vez, expulsar sus legítimos dueños que son los palestinos que llevan siglos habitando esas tierras.

De manera que en la actualidad hay una fuerza ocupante hostil llamado Israel y un pueblo que quiere liberarse de ese yugo que es esa fuerza sionista de ocupación. Las cosas hay que llamarlas por su nombre y el Estado invasor es Israel contraviniendo un sin número de fallos y Resoluciones que le exige poner fin a su política de ocupación en los territorios palestinos. Ese pretexto de Israel de la seguridad es bastante miope, por cuanto la verdadera seguridad radica en reconocer el derecho del pueblo palestino a la autodeterminación y eso se logra cuando Israel tome el compromiso y la determinación de retirar sus tropas militares de los territorios ocupados y desmantelen todos los asentamientos judíos ilegales.

En estos momentos Israel posee más del 78% de lo que fue Palestina hasta 1947, es decir, inmediatamente anterior a la declaración de la independencia de Israel en las Naciones Unidas en 1948, gracias al asalto vergonzoso que hizo en el recinto principal de la ONU, con la complicidad de varios países encabezados por Estados Unidos con el fin de garantizar a cualquier manera, los votos necesarios para la creación del Estado de Israel, por lo tanto, el cinismo de Israel no tiene precedentes en la historia, pues le roban a los palestinos más de las ¾ partes de su territorio y encima tiene el descaro de no retirarse de lo poco que les quedó a los palestinos de su territorio inicial.

Por Kassem Asmar Castellanos

6. LA FRANJA DE GAZA; CONVIVIENDO CON EL ASEDIO Y EL BLOQUEO ISRAELÍ

La Franja de Gaza es un territorio semi-rectangular de unos 360 Km^2, parte de ese territorio es árido aunque otra parte es apto para la actividad agrícola. Tiene un litoral de 40 km de largo cuyas costas son bañadas por el mar Mediterráneo. Una de las cosas que llama poderosamente la atención es que Gaza es uno de los lugares más densamente poblados del mundo con 1.500.000 habitantes. Esto nos da un registro de 4.160 habitantes por Km^2. Para entender mejor de que se está hablando, demos el siguiente ejemplo didáctico; imaginemos como sería, en términos demográficos, la hermosa isla española de la Gomera con 1.500.000 habitantes.

Desafortunadamente, Gaza se relaciona con historias tristes, hostiles y de penurias y en los últimos diez años, las noticias en los diferentes medios de comunicación a nivel mundial han tenido esa clase de titulares provenientes de la Franja de Gaza. Pero las dificultades de su gente se remontan a principios de 1948 y antes de la creación del Estado de Israel. De hecho que el ser una región de gran concentración demográfica tiene su explicación en el éxodo del Al-Nakba cuando parte de esos exiliados fueron a parar a la Franja de Gaza, especialmente después de la primera guerra árabe-israelí de 1948.

Los refugiados en la Franja de Gaza, han tenido el estatus de refugiados palestinos por parte de las autoridades egipcias a partir de 1950, cuando este país entró a ser administrador de ese pequeño territorio palestino. Aunque parte de la población originariamente establecida en Gaza eran pobladores palestinos, una ola de refugiados palestinos que fueron parte de la expulsión masiva de éstos después de 1948 en el famoso Al-Nakba, habían llegado a Gaza en calidad de refugiados. De manera que esta fracción de Palestina quedó bajo la supervisión de Egipto y el único documento con que a partir de ese momento podían cargar era aquel cuya distinción decía claramente "refugiado palestino" y los que vivían en Gaza recibían el mismo documento. ¿Por qué?, muy sencillo. Egipto ni debía, ni podía moralmente concederle a los palestinos la nacionalidad egipcia porque automáticamente se podía traducir, como de hecho era así, un respaldo a la estrategia israelí de desligar por todos los medios de Palestina a los palestinos. De modo que la responsabilidad histórica de poblar a los territorios palestinos por parte de los sionistas, bajo ninguna circunstancia podía tener el concurso de las autoridades egipcias por acción u omisión.

Básicamente, ésta fue la razón para no otorgar la ciudadanía egipcia a muchos palestinos. De todas formas ésta medida no fue ajena a los otros países árabes que acogieron a los diferentes refugiados palestinos no solamente del 48, sino que además los que se dieron después de la guerra de 1967. Los habitantes de la Franja de Gaza, si bien estaban bajo la administración de Egipto, no indicaba que tenían derecho de adentrarse en éste territorio y establecer sus residencias en el corazón de Egipto, como quiera que el compromiso de Egipto y de los palestinos de Gaza se circunscribió exclusivamente a esa Franja. Muy contados habitantes de Gaza han recibido pasaportes jordanos provisionales con el fin de poder viajar a través de aeropuertos.

A partir de 1967 y una vez finalizada esa guerra árabe-israelí, la situación demográfica de Gaza había crecido mucho por el advenimiento de otros refugiados y por la propia dinámica de su crecimiento demográfico. Las autoridades de ocupación sionista dotó a todos los habitantes de la Franja de Gaza de un documento de identidad israelí. Adicionalmente a este documento, hay otro que debe ser usado cada vez que los habitantes de Gaza quieren salir de esa parte de Palestina. ¿Qué ocurrió con los habitantes de Gaza que salieron a vivir a otros lugares antes de la guerra de 1967?, estos quedaron definitivamente sin patria, igual que los exiliados de 1948. En otras palabras, se quedaron sin identidad territorial y el principal argumento israelí era que los que no fueron censados por las autoridades sionistas una vez finalizada la guerra de 1967, no tenían derecho al retorno y mucho menos a residencia. Solo aquellos que más tarde mostraban que tenían familias directas de primer grado de consanguinidad establecidos en Gaza, se le concedía un permiso especial para visitarlos. Descrito de otra manera, muchos palestinos de Gaza regresaron como visitantes muy temporales y eso equivaldría a decir, de facto, que eran simples turistas ¡palestinos convertidos en turistas en Palestina! Si esto de por sí es una humillación que reviste alcances degradantes, no es menos humillante el hecho que cuando un

Por Kassem Asmar Castellanos

habitante de Gaza que decida viajar, debe pedir permiso a las autoridades de Israel para que le expida un documento especial temporal donde se resalta los términos "Nacionalidad indeterminada o indefinida". Pero la ausencia está sujeta a lo indicado en ese documento, por ejemplo si se obtuvo un permiso de un año, debe regresar a Gaza antes de que expire el año, de lo contrario pierde el derecho sobre Gaza. Todo esto tiene una explicación muy contundente en la medida en que las autoridades sionistas han aplicado tácticas disuasivas y abusivas con el objetivo fundamental de menguar a lo máximo el nivel de vida de los habitantes de Gaza y con ese panorama, obligar a la mayor cantidad posible de habitantes de Gaza de salir a buscar su sustento en otros países. Obviamente que la táctica visible y descarada de las autoridades sionistas radica en el hecho que establecen una fecha precisa para la vuelta de aquellos que decidieron salir por motivos perfectamente entendibles, pues la mayoría lo hacen para buscar el sustento de sus familias y esto no se debe determinar por periodos cortos como de hecho lo establecieron las autoridades de Israel, terminando por "justificar" la prohibición de regresar a aquellos que no "respetaron" la fecha límite que las autoridades israelíes les habían establecido.

Pero si estos tratos eran catalogados como injustos y racistas que hacían difícil las condiciones de muchos habitantes de Gaza, después de la Guerra del Golfo a raíz de la invasión iraquí a Kuwait y el sorpresivo respaldo del dirigente de la OLP (Organización para la Liberación de Palestina) Yasser Arafat a Saddam Husein que se tradujo, una vez finalizada la guerra, en la expulsión de miles de palestinos principalmente de Kuwait y en menor grado de Irak y de otros lugares del golfo. Las estimaciones hablan de la expulsión de aproximadamente 300.000 palestinos. De estos, una parte eran originarios de la Franja de Gaza pero por cuestión de haber establecido sus residencias, particularmente desde una perspectiva laboral en Kuwait y una vez enfrentados a esa triste realidad, no pudieron regresar a Gaza por la sencilla razón que las autoridades israelíes lo impedían, toda vez que ya no eran considerados ciudadanos de la Franja de Gaza. ¿Entonces qué pasó?, estos tuvieron que optar por establecer sus residencias en otros países árabes con la benevolencia de sus gobiernos.

Por Kassem Asmar Castellanos

La cruda realidad planteada por los dirigentes sionistas, es que los habitantes de Gaza que se encontraban radicados afuera, no tenían derecho en Palestina, concretamente en Gaza. Aunque por esa coyuntura social y económica impuesta a los residentes de Gaza no fue algo inherente solamente a esa Franja, ya que las autoridades de ocupación sionista después de 1967 hicieron lo mismo en Cisjordania y todos aquellos que no fueron registrados en ese censo llevados a cabo por las autoridades de Israel, folclóricamente fueron considerados como palestinos sin derecho de residencia y sin posibilidad de regreso permanente. ¿Cómo se entiende eso?, fundamentalmente ingresan como turistas de 3ª clase con un periodo corto bien definido. Las autoridades israelíes habían comprimido a lo máximo, el derecho del pueblo palestino con la legendaria y original Palestina, cercenando de tajo los vínculos históricos que durante siglos habían establecido esos palestinos en ese lugar. ¿Acaso no era esa la estrategia de los movimientos sionistas que fue secundada por el apoyo militar y económico de los británicos, franceses y norteamericanos?, de manifiesto, los distintos procederes de las autoridades israelíes y en lo referente a la disminución sistemática de la presencia de palestinos después de 1948, se había convertido en una política de Estado que fue vista por sus partidarios y secuaces de Occidente como una medida plausible.

Entonces, ¿Cómo distinguen las autoridades de Israel a que región de los territorios palestinos ocupados pertenece determinada persona Palestina?, por el color de los documentos que porta cada ciudadano palestino y de ahí cualquier autoridad militar de Israel en cualquier punto de control decide hasta dónde puede llegar, así ese ciudadano palestino esté buscando trabajo. Esto hace que las autoridades sionistas limiten exageradamente los movimientos de los palestinos dentro de los territorios ocupados y máxime si pretende buscar trabajo en los territorios del Estado de Israel, es decir, el establecido en 1948. Este panorama nos muestra el trato discriminatorio que reciben en Palestina, y ni hablar dentro de Israel, pues los trabajos que ejercen los palestinos son mucho menos remunerados que los que realizan los ciudadanos israelíes.

Por Kassem Asmar Castellanos

Después de varias reuniones entre representantes palestinos e israelíes y tras haber firmado los acuerdos de Oslo, Israel se retiró del territorio de Gaza aunque Hammas no reconoce los acuerdos alcanzados en Oslo. De paso es pertinente aclarar que el desmantelamiento de los asentamientos en Gaza que acogieron a colonos judíos hasta el 2005 se dio, básicamente, por el poco interés del Estado de Israel de seguir manteniendo a menos de 9.000 colonos judíos cerca de casi 1.500.000 palestinos de Gaza y sobre ese particular en una sección anterior en este mismo libro, se trató ese tema de manera clara y amplia.

En la actualidad, casi el 70% de la población de Gaza vive en la pobreza, por eso dependen de la ayuda del exterior. Aunque los asentamientos de colonos judíos fueron desmantelados, Gaza está rodeada de puestos militares israelíes a lo largo de los 50 Km de frontera que tiene con Israel. Especialmente desde que Hammas asumió el poder en el 2006, donde la situación se tornó muy delicada a raíz de la determinación de los líderes de la milicia de Hammas de lanzar sus artesanales cohetes a Israel pero, en últimas, ha sido bien aprovechado por Israel para responder con excesiva reacción militar contra esa región, causando gran destrucción reflejada en vidas humanas e infraestructuras. Adicionalmente, Israel siguió presionando a los habitantes palestinos de Gaza al limitar, en exagerada medida, el tránsito de mercancías y otras ayudas humanitarias.

Otro hecho que hizo que Israel radicalizara su posición contra los habitantes de Gaza, fue el alzamiento popular palestino contra la ocupación y las medidas discriminatorias israelíes contra los palestinos en el año 2000, mundialmente conocido como la Intifada y que puso la imagen de Israel en mala posición frente a la opinión pública internacional. Las ayudas internacionales a Gaza se han limitado ya que parte de la comunidad de países árabes no reconocen a Hammas como representante de gran calibre del pueblo palestino, además, la mayoría de los países Occidentales se resisten a aceptar a Hammas como el legítimo representante de los palestinos porque lo consideran un movimiento terrorista. Eso ha hecho que Israel aplique una política contra sus habitantes, cortando muchas veces el suministro de cosas tan elementales como alimentos, combustibles y hasta medicamentos, con el argumento que lo

Por Kassem Asmar Castellanos

que puedan contener esos envíos son armas para Hammas. Por otro lado, impidiendo la salida de productos agrícolas de Gaza.

A principios del 2008, varias organizaciones internacionales de ONG (Organización no gubernamental), habían llegado a la conclusión que los palestinos pertenecientes a la Franja de Gaza, estaban viviendo la peor situación de los últimos 40 años, calificando ese territorio como una gran cárcel al aire libre. Gran parte de esa culpabilidad la debe asumir el mismo Estado de Israel por su exagerado bloqueo a la Franja que restringe la movilidad de sus habitantes. Esa práctica se tradujo en un aumento en el desempleo de más del 38%. Económicamente Gaza permanece estática en el limbo del atraso, pues los proyectos no son fáciles de ponerse en marcha con el permanente bloqueo militar israelí. Con constantes recortes que Israel hace en el suministro de la energía eléctrica, la vida en Gaza es sencillamente desesperante hay que sumar la pésima calidad del agua que sus habitantes disponen.

La Comunidad Internacional rechaza fuertemente la aplicación del castigo colectivo y exagerado que ha impuesto Israel a todos los habitantes de Gaza. En el plano práctico, la situación actual es que los habitantes de Gaza están peor que cuando estaban bajo la ocupación israelí, esa situación paradójica se debe a que Israel hace lo que quiere, irrespetando los principios de la legalidad internacional que condena cualquier clase de hostilidades y castigos colectivos contra la población indefensa de Gaza. Por si fuera poco disponen con toda libertad, un control casi absoluto en lo referente al uso aéreo, marítimo y terrestre en Gaza y sus alrededores. De modo que en la práctica, no deja de ser un hecho simbólico para los habitantes de Gaza el "retiro de Israel" de la Franja en virtud de los acuerdos de Oslo.

Incluso en el 2007 el Secretario General de la ONU Ban Ki-moon dijo que con esas políticas hostiles, Israel viola los principios del derecho humanitario internacional al atentar sin distinción, contra la población civil de Gaza. Esa práctica inhumana israelí ha colapsado la economía de esa región a tal punto que el grado de vulnerabilidad de la Franja de Gaza los obliga a mantenerse en el umbral de sobrevivencia con la ayuda que les llega de diferentes fuentes internacionales. La falta de respeto y acatamiento de Israel a las normas mínimas de civilización y su desprecio por las

Por Kassem Asmar Castellanos

leyes que en materia de derechos humanos rige la legalidad internacional, se reflejan en conductas criminales tales como la que llevó a cabo a mediados del 2010 contra unas embarcaciones que llevaban ayudas humanitarias para Gaza conocidas como "La flota de la libertad" cuya operación tenía el respaldo de diferentes ONG. Esas embarcaciones que lo único que llevaban eran provisiones comestibles, sufrieron un asalto militar de piratería marítima que concluyó con la muerte de nueve integrantes turcos pacifistas. El cinismo de Israel llegó a tal punto, que obligó al gobierno de Turquía de romper todo lazo diplomático con Israel, debido a que no solamente Israel se resistió a ofrecer disculpas al gobierno de Ankara sino que además, el gobierno sionista acusó a los activistas turcos asesinados de pertenecer a redes terroristas. Las tranquilas aguas del Mediterráneo fueron testigos mudos de ese asesinato colectivo.

En marzo del 2013, el presidente norteamericano Barak Obama en una visita a Israel y mostrando su habitual faceta de aliado de Israel, quiso manifestarse con un buen detalle a favor de sus amigos sionistas al mediar en el restablecimiento de las relaciones diplomáticas entre Israel y Turquía y a decir verdad, el esfuerzo no fue tan difícil salvo unas llamadas telefónicas acompañado de unas sonrisas bilaterales.

En enero del 2008 los habitantes de Gaza alcanzaron tal grado de penuria y desespero por conseguir ciertos productos básicos con el fin de evitar que los civiles más vulnerables como son los niños y los ancianos colapsaran por la falta de alimentos, que forzó a un grupo de jóvenes de Gaza a romper varios tramos del punto fronterizo de Rafah que los separa de Egipto con la intención de adquirir las cosas más elementales y necesarias para su población. Egipto no pudo impedir ese hecho porque se trató de una reacción humanitaria y de primera necesidad. Obviamente, que ese escenario tan cruel e inhumano que plantea el Estado hebreo y que aprovecha cualquier excusa para impulsar sus planes sionistas de seguir activando sus estrategias de muchísimos años atrás y que se remonta antes de la creación del Estado de Israel, consistente en cambiar a cualquier costo el panorama geográfico en la región de Palestina. Esto obedece a que en los últimos años, Israel ha mostrado creciente preocupación en que en la población Palestina no se detenga los aumentos demográficos que ha venido experimentando en los últimos 20 años. Podemos concluir que ese candado asfixiante a Gaza y también a Cisjordania tiene respuesta a esa visión maquiavélica sionista de mermar la voluntad del pueblo palestino y obligarlos a emigrar fuera de Palestina y fingir al presentarlos como emigrantes voluntarios. Este es el escenario que quiere dibujar Israel para dar a entender que los judíos son los merecedores de esas tierras Palestinas por simple cuestión aritmética que consiste en que son una gran mayoría.

Foto 5. Fuente REUTERS. "Sepelio de los activistas turcos en Estambul, asesinados por Israel cuando se dirigían a Gaza en barcos con ayuda humanitaria"

El periodista argentino Hernán Zin, narró con gran detalle en una obra conocida como "Llueve sobre Gaza", los horrores que sin distinción vivieron sus habitantes y asegura que lo que vio en Afganistán, Somalia, Sudan, el Congo y en otros lugares, es menos delicado de lo que le ha tocado ver en Gaza. Este autor explica los dramáticos y crueles resultados de la operación que

Por *Kassem Asmar Castellanos*

Israel lanzó contra la Franja de Gaza a mediados del 2006, operación militar conocida con el nombre de "Lluvia de verano". Hernán Zin narra que la determinación del gobierno israelí de atacar salvajemente a Gaza a través de esa operación, se dio después de que milicianos populares palestinos mataran a dos soldados israelíes y otro tercero cayó cautivo y posteriormente retenido. Ese soldado era el cabo Gilad Salid. El periodista argentino se horrorizó al ver el grado de bloqueo y asedio al que fue sometida la población de Gaza donde se cortó todo tipo de suministro de alimentos. Además, Israel atacó instalaciones eléctricas e impidió que los enfermos pudiesen ser atendidos en hospitales fuera de Gaza al prohibir la salida de los enfermos y ambulancias. Continúa Hernán Zin relatando en su libro que la calidad de vida de los habitantes palestinos de Gaza está al filo de la miseria cuando al mismo tiempo, los ciudadanos israelíes que viven a pocos metros de Gaza, llevan una vida de comodidad y sin ningún tipo de necesidades. La narración de este periodista argentino es un testimonio dado a raíz de vivencias directas que hizo desde el lugar de los acontecimientos y merece total credibilidad.

De todos modos, la operación israelí "Lluvia de verano" refleja el espíritu racista del sionismo y del Estado de Israel. Si por la muerte de dos de sus soldados y el secuestro de un tercero, se somete a toda la población palestina con más de 1.500.000 habitantes bajo un cruel asedio y bloqueo, acompañado de infernarles bombardeos y dejando un saldo de más de 450 muertos, la mayoría civiles indefensos, sumado a los enormes daños en las diferentes infraestructuras y viviendas. ¿Si esto no es una contundente prueba de racismo criminal, entonces que nombre le merece? No hay que olvidar que los castigos y hostilidades de carácter colectivo viola las más elementales normas de los convenios de Ginebra.

Además, el argumento israelí que pretende justificar el interminable bloqueo y la respuesta militar que impone a Gaza, como respuesta a los lanzamientos de los cohetes Qassam por parte de las milicias de Hammas, es exageradamente mortífera y desproporcionada y eso salta a la vista con la cantidad de muertes y destrucción por el lado palestino.

Por Kassem Asmar Castellanos

En noviembre del 2012, usando el mismo argumento, Israel lanzó una operación desproporcionada denominada "Pilar defensivo" y al igual a las anteriores operaciones militares, dejó mucha devastación en el lado palestino. Israel justificó su acción diciendo que era para frenar las actividades terroristas de Hammas.

La pregunta obligatoria surge, cuando Israel aplica su política de Estado racista y discriminatoria al destruir con sus enormes excavadoras y tractores, cultivos, pozos de almacenamientos de agua y además el asedio a los pescadores de Gaza, incluso con disparos para que no pasen los cinco kilómetros de sus costas de la Franja, norma abusiva impuesta por Israel y esto ha venido sucediendo con mucha frecuencia en los últimos años. Estas prácticas hostiles contra los habitantes de Gaza y que son una política de Estado israelí, aprobadas y aplaudidas por los políticos derechistas sionistas ¿no son evidencias de grotesco terrorismo de Estado? Muchos países han condenado esas prácticas criminales y el único país que se hace de la vista gorda es Estados Unidos, el eterno mentor y aliado que le permite todo, en nombre de la desgastadísima frase: "el derecho a la legitima defensa". En últimas, Estados Unidos considera a Israel su enorme base militar en esta importante región geopolítica del Medio Oriente y en cuanto trata el tema palestino-israelí, el discurso que utiliza en otros lugares del mundo en lo referente a la libertad y la justicia, pasa a un segundo plano.

La pesca es un renglón muy importante de la economía, pero los pescadores solo pueden usar pequeños barcos, lo que hace que esa actividad sea muy artesanal, además, no pueden faenar más allá de los 10 km de la costa de la Franja de Gaza, pero cuando Israel decide hacer restricciones, solo se puede llegar a cinco kilómetros de la costa. Sin embargo, es un renglón central de la limitada economía de esa región y sumado a la agricultura, permite paliar, parcialmente, las enormes necesidades de Gaza. Aquí, el escollo central sigue siendo las abusivas medidas de Israel que limita las exportaciones de importantes productos de Gaza, para evitar que se conviertan en competencia para los productos de cosechas agrícolas de Israel. Esta táctica sionista ha logrado que muchos agricultores de la Franja de Gaza desistan de cultivar sus tierras y han terminado como asalariados al otro lado, trabajando en la agricultura israelí.

Por Kassem Asmar Castellanos

Todas esas prácticas de Israel impiden que la economía tanto de Cisjordania como de la Franja de Gaza tenga verdaderas oportunidades de crecimiento, ya que a duras penas alcanza el umbral para la sobrevivencia de sus habitantes. Cada vez que se presenta un asedio y bloqueo militar israelí a Gaza, significa un estrangulamiento de su economía, debido a que buena parte de las confecciones que se fabrican en Gaza van a parar al mercado de Cisjordania e Israel y con mayor razón con los productos agrícolas donde parte de ellos se destinaban al mercado europeo. En las tres ocasiones que Israel atacó despiadadamente a Gaza, cuyas operaciones fueron bautizadas respectivamente como; "Lluvia de verano", "Plomo fundido" y "Pilar defensivo", más el castigo hostil a muchos palestinos por haber participado en los levantamientos populares contra la ocupación israelí y sus políticas racistas y de discriminación, mundialmente conocidas como las Intifadas, ha dejado la economía de la Franja de Gaza al filo del abismo y solo la tenacidad y el espíritu del aguante de sus habitantes, les ha permitido no colapsar del todo.

El agua es muy escasa en Gaza, debido a que no alcanza a llegar porque Israel la recoge en el transcurso de su recorrido por el subsuelo de Neguev para sus ciudadanos. Es humillante que gran parte del agua que llega de los territorios ocupados, los habitantes de Gaza tengan que pagarlo con tarifas altas y si agregamos los cortes de electricidad que Israel lleva a cabo con frecuencia, nos permite entender las dificultades de los agricultores al no poder regar sus cultivos con la periodicidad que se requiere, por lo tanto muchos productos se dañan. Obviamente ante esta situación, muchos agricultores optan por dejar esa labor. Otros en cambio, prefieren seguir con las tareas agrícolas aunque con ciertos cambios obligatorios al recurrir a otra clase de cultivos que requieren menos agua pero que generan menos ganancias. En este caso, dejan de cultivar ciertas verduras y frutas para reemplazarlos por trigo por ejemplo, al fin y al cabo, eso es lo que quiere Israel para que sus productos no tengan competencia. El sector de la agricultura de la Franja de Gaza, no solo es importante para exportar ciertos productos sino que además es muy importante para su propia población, sumado a que es fuente de generación de empleos, máxime si tenemos en cuenta que hoy en día, Gaza tiene una de las tasas de desocupación más altas del mundo de aproximadamente el 38%.

Por Kassem Asmar Castellanos

Los insumos agrícolas generalmente se consiguen a muy altos precios por el bloqueo permanente de las autoridades israelíes. La pesca se ha vuelto una actividad más difícil debido a que los palestinos no pueden adentrarse en el agua más allá de los diez kilómetros en tiempos normales o a cinco kilómetros de la costa cuando hay asedio y bloqueo. Esto hace que la pesca sea muy limitada y pobre, por lo que se estima que más de la mitad de los pescadores hayan dejado ese oficio. Esa clase de prácticas que hace parte de la política discriminatoria del Estado de Israel hacia los palestinos, viola el Acuerdo en Oslo que estipula que los pescadores de la Franja de Gaza pueden pescar a 20 millas de su costa, pero Israel tiene registros récord en materia de violación de las más elementales normas del Derecho Internacional. De hecho que su desprecio por no acatar la opinión de la legalidad internacional data de 1948 hasta nuestros días. No olvidemos que en 1948 Israel empezó su periplo de no acatar lo establecido por la Comunidad Internacional cuando rechazó el cumplimiento de la Resolución 194 emanada por la Asamblea General de las Naciones Unidas, que le exigía a Israel el permitir a aquellos palestinos que fueron obligados a abandonar sus casas y tierras, el derecho al retorno y además a aquellos que por diversas circunstancias no quisieron volver, el recién creado Estado judío debería haberles otorgado compensaciones económicas.

De manera que no hay que agarrarse la cabeza cada vez que Israel se burla de las más elementales normas de legitimidad de la comunidad civilizada internacional porque eso hace parte de su visión racista y de su política exterior. El descaro de las autoridades de Israel llega a tal punto, que dice que tipo de productos deben cultivar la gente de la Franja de Gaza y cuales se pueden exportar limitadamente, además de las cantidades permitidas. Esto lo hace con el fin de favorecer la actividad agrícola en Israel y obviamente a los agricultores israelíes.

Se estima que desde comienzos del 2007 hasta la presente fecha, los ingresos por concepto de la actividad agrícola ha disminuido en un 40%, coincidiendo con el asedio y el bloqueo exagerado israelí. Las barreras que Israel ha impuesto a las exportaciones de productos agrícolas de Gaza hasta Cisjordania, Israel y Europa, ha obligado a muchas familias a dejar a un lado esa enorme labor tan importante para su economía. Esto ha

Por Kassem Asmar Castellanos

hecho que las estadísticas en materia de desempleo aumente, ya que los otros renglones de le economía también han venido padeciendo de diferentes crisis.

Si tenemos en cuenta que a todo lo anterior hay que añadir el hecho que los palestinos de Gaza, en su inmensa mayoría, no pueden ir a trabajar en Cisjordania porque en virtud de las normas de las fuerzas de ocupación sionistas, son considerados ilegales y ese tipo de acciones no deja de ser inverosímil por lo cinismo y racismo que implica de por sí la norma. De entrada suena absurdo que un palestino de Gaza, no pueda moverse con cierta libertad en los territorios palestinos ocupados aunque la realidad es esa. Obviamente que no hay ni remota posibilidad que un habitante de Gaza, logre fijar residencia permanente en Cisjordania.

De todos modos, la tenacidad, la fe y el espíritu de lucha de ese pueblo milenario de Gaza sumado al optimismo de un futuro más justo, les permite llegar a la siguiente conclusión: vale la pena seguir viviendo bajo el brillo del cielo a pesar del oscuro bloqueo y asedio israelí.

Por Kassem Asmar Castellanos

7. LOS PALESTINOS EN NABLUS, HEBRÓN, BELÉN, QALQILYA, JENÍN Y JERUSALÉN, BAJO LAS FUERZAS DE OCUPACIÓN

El propósito de éste capítulo es seguir exponiendo las difíciles condiciones de los palestinos en los territorios ocupados, especialmente a partir de 1967, cuando la totalidad de Palestina quedó bajo los tentáculos del sionismo, que no ahorró esfuerzos ni imaginación para completar de aplicar la ideología expansionista y racista inherente al pensamiento sionista que desembocaron en un terrible perjuicio contra los palestinos. En ese sentido, hay que ser claros al decir que el control que han venido ejerciendo las autoridades de ocupación para evitar que salga a la luz pública internacional noticias de los diferentes lugares de Cisjordania, ha sido férreo. Obviamente, el objetivo fundamental es que el mundo no sepa la situación a la cual está sometida la población palestina que vive bajo la ocupación israelí y evitar que sus denuncias trasciendan a importantes medios de comunicación. Por lo anterior, la siguiente exposición es fiel reflejo de la vida cotidiana de los palestinos en éstos territorios ocupados y dominados por las normas racistas del Estado sionista.

Nablus, es una ciudad que bordea los 140.000 habitantes pero si se cuenta las municipalidades y pueblos palestinos que quedan en la periferia y que hacen parte de la gobernación de Nablus, suman conjuntamente 360.000 habitantes aproximadamente. Esta ciudad queda al norte de los territorios ocupados por Israel y el nombre proviene de la época de los romanos. Se puede decir que Nablus es una de las ciudades más antiguas del mundo aunque está dividida en dos, la que constituyeron los romanos y la que posteriormente fundaron los otomanos (hoy Turquía). Hasta antes del año 2000, había cierta estabilidad económica en la ciudad (si es que cabe este término bajo las fuerzas de ocupación israelí) pero a raíz de la Segunda Intifada o resistencia Palestina contra las políticas de discriminación y la ocupación israelí, por haber sido sus habitantes activamente partícipes de esa Intifada, Israel impuso un severo castigo no solamente del punto de vista militar como quiera que muchos de los manifestantes palestinos murieron en las calles de Nablus, sino que además muchas edificaciones modernas e históricas fueron

Por Kassem Asmar Castellanos

dañadas por las incursiones militares de Israel, es decir, una parte importante del patrimonio cultural palestino fue sensiblemente dañado, violando un acuerdo internacional que protege los bienes culturales cuando hay algún conflicto. Este derecho está plasmado en la Convención de la Haya y la IV Convención de Ginebra, firmado por muchos países incluyendo Israel, pero ¿le importa eso a Israel?

Esta ciudad tiene la virtud que conviven en ella cristianos y musulmanes palestinos sin inconvenientes. Aquí fueron destruidos lugares muy antiguos como el museo, una fábrica muy antigua de jabones y baños turcos, entre otros. Obviamente que estos ataques afectan el peso histórico que recae sobre la ciudad.

Todos los días los soldados israelíes patrullan las calles de Nablus "como pedro por su casa", especialmente por las noches y eso hace que la vida de esos palestinos se vea envuelta en una especie de incertidumbre y por si fuera poco, los colonos judíos de los asentamientos más próximos a la ciudad, hacen de las suyas al amparo de los soldados israelíes. Por ejemplo, los colonos judíos de tres asentamientos que son Brecham, Yitzhar y Shiló, llegaron a una zona rural adyacente a Nablus y quemaron cultivos, especialmente los cultivos milenarios de olivos y atacaron a los campesinos palestinos. Lo grave de este hecho es que los soldados israelíes fueron cómplices por omisión, al no impedir esas acciones hostiles contra los palestinos de Nablus. En este incidente murió un joven palestino.

Es importante aclarar que Israel rara vez castiga a un ciudadano judío si mata a algún palestino, debido a que pueden alegar defensa propia. El caso es que hacen todo lo que esté al alcance de su sistema racista para liberar de cualquier castigo a cualquier ciudadano israelí, con un broche de total impunidad. Es habitual ver colonos judíos lanzando piedras a los niños palestinos que van en los buses escolares. Todo este panorama que se empeoró después de las Intifadas, empobreció la vida de sus habitantes ya que el nivel de desocupación es muy alto. Como la mayoría de los territorios ocupados, Nablus tiene una economía que apenas permite a sus pobladores sobrevivir, toda vez que los renglones de su economía tienen soportes en la agricultura (con todas las dificultades que esa actividad acarrea, por lo difícil que es conseguir agua para esas labores), la producción de jabón, el

Por Kassem Asmar Castellanos

aceite de oliva y ciertas artesanías, son actividades que básicamente ejerce una buena parte de la gente de Nablus. El resto de la población hace parte de la estadística de los que se encuentran desocupados y que son muchos.

En la misma periferia de Nablus hay varios campos de refugiados que albergan aproximadamente 60.000 habitantes y datan de la época del Al-Nakba, cuando fueron obligados a salir de sus tierras y casas, que posteriormente fueron entregadas a los migrantes judíos provenientes de muchos países europeos, después de la guerra árabe-israelí de 1948. Si hay una parte de Palestina cuya gente se ha alzado en contra de la ocupación israelí de manera fehaciente y constante, esa gente son los habitantes de Nablus. De hecho, parte de su cotidianidad es ver en muchos lugares y esquinas de Nablus grandes afiches con los rostros de aquellos que han perdido sus vidas en defensa de la emancipación y en contra de la ocupación israelí.   Con justa razón son declarados mártires de la causa Palestina.

No es fácil llegar a Nablus por la cantidad de check points o puestos de control que hay que pasar para llegar a esa ciudad. Lo paradójico es que a pesar que ofrece muchos atractivos que datan de hace varios siglos, la ciudad no es turística. Obviamente que el gobierno de Israel, como ha sucedido con otros lugares de los territorios palestinos, no quiere que ciudades como Nablus tenga mucho contacto con el exterior a través del turismo, para seguir ocultando la verdad que hay detrás de la ocupación israelí. Es muy evidente que Israel le teme más a la fuerza y la efectividad de las informaciones objetivas que pudiese llegar a la opinión pública internacional que a los cohetes caseros Qassam que a veces lanzan las milicias de Hammas.

Aparentemente la ANP (Autoridad Nacional Palestina) ejerce el control de la ciudad desde 1995 pero la realidad es otra, ya que en la periferia de la ciudad hay varios puestos de control israelí que se encargan de permitir la entrada y salida de la gente. Por si fuera poco, los soldados sionistas entran y salen de la ciudad con toda libertad, alegando actividades o rutina de seguridad. Cabe recordar que Nablus hace parte de Cisjordania, conocido internacionalmente como los territorios ocupados por Israel en 1967. Cada día que haya que ir a otro lugar fuera de Nablus a trabajar o simplemente a hacer alguna diligencia, hay que pasar por varios check points tanto para la ida como para regresar nuevamente a Nablus, es decir, la percepción de la ocupación israelí es una realidad por muy optimistas que sean sus habitantes. Los más de 500 muertos y 2000 heridos de la Intifada, desafortunadamente hacen que esa incertidumbre y zozobra se mezclen con el espíritu de la gente de Nablus que se aferra a la esperanza de ver algún día los check points y los asentamientos judíos desmantelados.

La ciudad de Hebrón (Al-Jalil en árabe) se encuentra al sureste de Cisjordania y aunque viven 140.000 palestinos en la ciudad, la gobernación de Hebrón suma 580.000 habitantes teniendo en cuenta los municipios y pueblos palestinos que la bordean. Hebrón se considera la ciudad Palestina más grande de los territorios ocupados. Como sucede en Nablus, esta ciudad está bajo permanente asedio y vigilancia de las fuerzas de ocupación israelí, que imponen con gran frecuencia toques de queda acompañado con patrullajes militares. Israel tiene gran apetito por quedarse con la ciudad de Hebrón alegando que religiosamente les pertenece, igual con lo que hicieron con la parte oriental de Jerusalén después de la ocupación de 1967. Israel siempre esgrime motivos religiosos para poder anexionarse los territorios palestinos que le plazca. No olvidemos que al igual que Hebrón y Jerusalén son de gran importancia para el pueblo judío, de igual manera son importantes para el mundo cristiano y musulmán. Sencillamente, es inaceptable que la voluntad de 20 millones de judíos se imponga sobre la voluntad de 1000 millones de musulmanes y 1500 millones de cristianos y católicos.

La ciudad quedó dividida en dos zonas, a raíz de una masacre que cometió un colono judío que vivía en un asentamiento en la periferia de la ciudad, contra palestinos que se encontraban en una mezquita, asesinando a 29 personas y dejando otros 100 heridos. Por tal motivo a raíz de ese trágico incidente, una parte de la ciudad con 85.000 habitantes palestinos quedó bajo administración Palestina pero lo más absurdo es que la otra parte de Hebrón que alberga 55.000 habitantes, está bajo la lupa de los militares israelíes que son la fuerza de ocupación, con el pretexto de proteger 500 colonos de un asentamiento que queda a la entrada de la ciudad. Esta situación ha obligado a que muchos comerciantes palestinos hayan tomado la decisión de abandonar

Por Kassem Asmar Castellanos

sus actividades comerciales en este lugar de Hebrón, por la razón que la movilidad de palestinos tiene mucha restricción y por lo tanto no es viable mantener un negocio bajo esas circunstancias. El elemento que no deja de ser absurdo es que esos 500 colonos judíos tienen más libertad que cualquiera de los 140.000 habitantes palestinos de Hebrón, que tienen que pasar varios puestos de control o check points cada vez que quieren salir o entrar a la ciudad, algo así como estar preso en tu propia tierra.

Los palestinos se han acostumbrado a que los colonos que viven en asentamientos en la entrada de la ciudad, lancen constantemente piedras y otros objetos a las casas de los palestinos, por lo que muchos palestinos han optado por poner mallas en los patios con el fin de prevenir daños físicos, al fin y al cabo ¿Quién va a judicializar o castigar a los colonos judíos?

Hay que aclarar que a raíz de la masacre en mención, se establecieron puntos de control en la ciudad por parte de los militares sionistas, convirtiéndose en la única ciudad en los territorios palestinos que tienen en el interior de la propia comunidad Palestina, puestos militares de control, de modo que si algún palestino quiere ir a una tienda o a una farmacia, es probable que debe hacer un pare en algún check point. No es de extrañar ver los colonos judíos pasear con soldados por la ciudad, ante la mirada impotente de sus habitantes palestinos. Aunque Hebrón es muy importante para todas las religiones, no entraré en detalle acerca de este tema. Lo que interesa resaltar, es que los palestinos de Hebrón llevan siglos viviendo ahí y sería el colmo que en un abrir y cerrar de ojos, vengan los sionistas a cambiar el curso de la historia con el argumento que por "Mandato divino", esos territorios palestinos les pertenece. Obviamente, Israel quiere poner en su contexto político, argumentos religiosos como excusa para seguir la ideología expansionista de la visión sionista, teniendo como base el fundamentalismo judío.

En la periferia de Hebrón hay varios asentamientos con sus respetivos colonos judíos y todos predican la misma consigna, "la ciudad de Hebrón le pertenece al pueblo judío y por lo tanto los palestinos sobran". Esa consigna cobija desde la perspectiva fundamentalista sionista que comparten los colonos judíos, a todos los territorios ocupados de Cisjordania y Gaza (aunque en el papel, Israel se retiró de la Franja de Gaza en el 2.005, en la

Por Kassem Asmar Castellanos

práctica nada ha cambiado ya que el bloqueo y el asedio militar israelí nunca ha cesado sobre Gaza).

No es de extrañar que tan pronto Cisjordania quedó bajo el dominio de la invasión israelí, al poco tiempo la ciudad fue objeto de una rápida política de colonización, que se extendió a lo largo y ancho de los territorios ocupados de Cisjordania y Gaza, ni siquiera se salvó los altos del Golán de los sirios. El fanatismo judío y el fundamentalismo sionista son de extrema peligrosidad porque ven a la raza judía como superior y con derecho a usar todos los medios para ver a la totalidad de Palestina libre de árabes musulmanes y cristianos. Según sus perspectivas, los únicos que tienen derecho a vivir en esas tierras son los judíos. De hecho que el extremista sionista que cometió la masacre contra los palestinos de Hebrón llamado Baruch Goldstein, su tumba se convirtió en una especie de peregrinación para muchos de los colonos que la visitan. Pensar que eso sucede en pleno siglo XXI pero es la realidad, no hay peor que la irracionalidad absoluta que encierra el fanatismo y el fundamentalismo religioso, provenga de donde provenga y es uno de los obstáculos más difíciles de lidiar a la hora de entablar conversaciones o diálogos de paz.

Lo que logra el fanatismo, es que sus protagonistas se vuelven seres irracionales que terminan tergiversando el curso real y objetivo de los acontecimientos tanto actuales como históricos. En que mente tiene cabida el argumento de los fundamentalistas que dicen que es legal y perfectamente plausible el hecho de expulsar y matar a todo aquel que estando en Palestina (se menciona como Israel) y no siendo judío, es permitido por Dios a través de las Sagradas Escrituras del Antiguo Testamento. Este tipo de relatos bíblicos tan exageradamente distorsionados por esos fanáticos rabinos, no tienen ni la más mínima dosis de lógica y racionalidad, máxime si tenemos en cuenta que la misma tumba de los patriarcas es un lugar sagrado tanto para judíos como para musulmanes. Es probable que en el plano religioso ni judíos, ni musulmanes y tampoco cristianos y católicos quieren substraerse de esa realidad histórica, pero de ahí a convertirlo en un argumento como punta de lanza para expulsar a los palestinos que llevan siglos viviendo en Hebrón, raya con lo absurdo y el cinismo. Por lo tanto, si esos son los argumentos y razones que

Por Kassem Asmar Castellanos

van a exponer los representantes israelíes en las conversaciones de paz, nunca se va a llegar a un acuerdo de paz con los palestinos porque ya de ante mano se sobreentiende que lo que quiere el Estado de Israel, valga la pena recordar, la fuerza invasora en los territorios ocupados de Cisjordania, es la paz pero a la misma vez quedarse con Cisjordania.

Hebrón, desde una óptica netamente demográfica siempre tuvo como mayoría a los palestinos como se puede ver en los datos estadísticos de principios del siglo XX. En 1905 había 15.000 habitantes en esa ciudad de los cuales el 10% eran judíos y el resto palestinos. A pesar de las presiones que hoy mantiene Israel con su ejército desde que ocuparon la ciudad como parte de Cisjordania en 1967, siguen siendo una inmensa mayoría los palestinos. Pero a pesar de esta estadística, los palestinos de esta ciudad histórica están preocupados porque ya se pueden ver muchos asentamientos judíos en la periferia de la ciudad y hay una que sobresale que es el asentamiento de Qiryat Arba que tiene una población de 8.000 colonos.

Desde aquel sangriento episodio que encabezó el colono radical Goldstein, la ciudad quedó semiparalizada ya que al ser dividida para proteger a los poco más de 500 colonos judíos, se paralizó una parte del comercio y que es, precisamente el que colinda con la colonia judía, porque ningún palestino se atreve a abrir su negocio ahí y por lo tanto prefirieron abandonarlos. Las vías más importantes de Hebrón tienen un comienzo y un fin para los palestinos pues los check points apostados allí, impiden que los palestinos lleguen a cualquier lugar de Hebrón. Suena muy absurdo que por garantizar la seguridad de unos pocos colonos ilegales, se tenga que someter a casi 150.000 habitantes palestinos de la ciudad de Hebrón. No cabe duda que lo que relata el ex presidente norteamericano Jimmy Carter en su libro "Palestina: paz y no Apartheid" se refiere precisamente a esos hechos que lo único que consiguen es crear más odio y resentimiento palestino.

La actitud de los soldados israelíes junto con la de los colonos judíos en pleno corazón de Hebrón, convergen a un objetivo constante y es el de amedrentar a los palestinos y en lo posible, obligarlos a abandonar la ciudad. Por lo tanto, los palestinos que tenían negocios muy cerca de donde están los colonos judíos, se trasladaron a la otra zona donde se sienten más seguros y da la impresión que la colonización judía de Hebrón, tiene el fin de apoderarse poco a poco de la ciudad. La arrogancia de los colonos judíos que bajo el amparo de los soldados israelíes, asumen actitudes desafiantes contra los palestinos y donde el ejército sionista se hace el de la vista gorda y no interviene porque según ellos, no tienen facultad para intervenir en esas clases de "sucesos menores".

Los palestinos de esta ciudad se sustentan gracias a una actividad económica bastante limitada como es el cultivo de uvas, los trabajos de la cerámica, la artesanía del vidrio y su actividad más importante dentro de la ciudad es la fábrica de productos lácteos de gran trayectoria "Al-Juneidi", aunque muchos de sus habitantes tienen que ir a otros lugares de los territorios ocupados e Israel, para buscar el sustento teniendo que pasar por el difícil trayecto de recorrer muchos puestos de control.

Belén (en árabe Bet-lahem) es una ciudad con mucho aire espiritual y religioso que recibe turistas de muchos lugares del exterior. Aunque la gobernación de Belén suma 190.000 habitantes representados en municipios y pueblos rulares esparcidos en un área de 620 Km^2, la ciudad religiosa en sí y que es conocida con el nombre de Belén cuenta con 30.000 habitantes aproximadamente, donde la mitad son cristianos y la otra mitad profesan la religión musulmana, pero han vivido juntos durante siglos y tienen muy claro que el inconveniente que afecta el desarrollo normal de sus vidas es la ocupación israelí.

Es muy importante señalar que Belén, como las otras gobernaciones que componen los territorios ocupados que son: la gobernación de Qalqilia, de Salfit, de Rammala, de Jerusalén Oriental, de Jenín, de Tulkarem, de Jericó, de Nablus y de Hebrón, está rodeada de municipalidades y de pequeños pueblos rulares pero el gran problema, como ocurre con todas las demás gobernaciones de los territorios ocupados, es la fragmentación de esa división territorial Palestina a causa de los 22 asentamientos judíos que rodean esa gobernación y en el plano práctico significa que los palestinos de esta parte de Cisjordania, deben interrumpir su movilidad ya sea por los check points o porque hay cerca un asentamiento de colonos judíos y eso hace que los palestinos no puedan acercarse demasiado. Describiéndolo de otra manera, los palestinos deben andar con las antenas activadas a todo momento para evitar desgracias, especialmente porque los colonos están bien armados. Cabe mencionar que en los territorios ocupados hay más de 150 asentamientos judíos.

Las narraciones bíblicas dan a este sitio como el hogar donde nuestro señor Jesucristo nació y para los judíos también tiene importancia ya que el rey David nació y fue coronado en este lugar. Por ser parte de los territorios ocupados en 1967 de Cisjordania, Belén estuvo bajo sometimiento de las fuerzas de ocupación israelí y aunque en el papel fue transferido a la ANP (Autoridad Nacional Palestina) en 1995, los israelíes no necesitan permiso para entrar y salir de Belén las veces que quieran pues es suficiente que empuñen el eslogan "por cuestiones de seguridad" y automáticamente se convierte en un auto-consentimiento para que sus soldados patrullen sus calles.

Como ocurre en Nablus y Hebrón, Belén no es la excepción ya que esa pequeña ciudad se encuentra en buena parte bordeada por el muro de seguridad y por muchos check points o puestos de control. La ciudad de Jerusalén se puede divisar por la cercanía a Belén, toda vez que lo separa escasos nueve kilómetros.

El verdadero espíritu navideño se puede sentir en Belén con toda la majestuosidad que caracteriza a esta ciudad milenaria y religiosa. La Basílica de la Natividad se considera un baluarte importante para la fe cristiana, toda vez que se cree que fue erigido en el mismo lugar donde nació el enviado de Dios, Jesús de Nazaret y las primeras piedras que se empezaron a colocar para el levantamiento de ese templo cristiano, datan del siglo IV por lo que lo convierten en la Basílica más antigua del mundo del cristianismo. De hecho que la mitad de los palestinos que viven en Belén son cristianos, pero tanto cristianos como musulmanes conviven en armonía. La Basílica de la Natividad fue objeto de un vergonzoso asedio militar israelí cuando 40 palestinos alzados en armas entraron en ella para protegerse de la persecución de los militares sionistas.

Por Kassem Asmar Castellanos

Hace poco la UNESCO declaró "Patrimonio de la humanidad" a la parte antigua de Belén y a la Basílica de la Natividad, ¿adivinen quiénes fueron los dos países que protestaron airadamente por esta medida?, Israel y Estados Unidos. La preocupación israelí radica en que al ser declarada Belén Patrimonio de la humanidad, está en la obligación como fuerza ocupante en respetar los lugares históricos y culturales de la ciudad pero lo que más le preocupa a Israel es que la Comunidad Internacional, cada vez más, se entere de las políticas hostiles y de discriminación al que es objeto el pueblo palestino y obviamente sobre este tema, Israel siempre ha guardado total hermetismo para prevenir cualquier posibilidad que el mundo exterior sepa lo que está ocurriendo en los territorios ocupados. La prueba es que los extranjeros que van a Israel o a los territorios ocupados ya sea por cuestiones de turismo o por otra causa, son convencidos por las autoridades israelíes de los lugares donde deben hacer sus visitas, evitando que vayan a poblaciones que están habitadas por palestinos en los territorios ocupados como por ejemplo; Rammala, Nablus, Belén, Hebrón, Jerusalén del Este, Jenín, entre otros. Israel siempre ha tratado de proyectar la imagen de "el país pequeño que se defiende de los agresores árabes" como medida estratégica para que la opinión pública mundial se solidarice con ellos pero sobre ese particular, las cosas han venido cambiando por la sencilla razón de que cada vez hay más personas dispuestas a ir a los lugares donde viven los palestinos bajo la ocupación israelí, dándose cuenta del gran engaño que ha tratado de mantener el sistema sionista a lo largo de décadas.

La pequeña ciudad religiosa ya tiene en su cercana periferia a colonos judíos en asentamientos y por estar muy próximos a Jerusalén, esta zona se ha convertido en la concentración de colonos judíos más grande de toda Palestina. Estamos hablando de aproximadamente 350.000 colonos que se han concentrado en lugares donde viven palestinos en la parte Este de Jerusalén y en los sitios aledaños a Belén y Hebrón. Este proceso sistemático empezó en 1967 y a pesar de la protesta continua de la Comunidad Internacional, la cuestión ha quedado en solo protesta. Los asentamientos en toda esta zona, ha impuesto una limitante muy severa a aquellos campesinos que llevaban muchas décadas en las labores de la agricultura y el pastoreo de sus rebaños por culpa de la confiscación de tierras (para ser exactos, robo de tierras), restricciones de movilidad y el saqueo del agua por parte de Israel en sus diferentes modalidades entre los cuales se debe mencionar, la extracción del preciado líquido del subsuelo palestino. Obviamente que la conclusión nos conduce a una realidad espantosa y es que el tiempo juega a favor de Israel, pues sus políticas de discriminación y saqueo de tierras contra los palestinos, se agravó con el paso del tiempo. No hace falta sino ver el rumbo exponencial de los hechos en los territorios ocupados desde 1967 y nos damos cuenta que la agenda de la visión y misión sionista e israelí, se está cumpliendo con la complicidad de la pasiva mirada de la Comunidad Internacional que solo se limita a leer comunicados aislados condenando a Israel, pero que en la práctica no ha hecho ninguna mella.

Belén ha estado ligada con Jerusalén por acontecimientos religiosos que históricamente han ocurrido en esas tierras, pero a raíz de la construcción del muro a lo largo de los territorios ocupados en Cisjordania, Jerusalén ha quedado totalmente dividida y separada de Belén. Esto significa que a pesar de que suena fácil los nueve kilómetros que la separa de Jerusalén, en la práctica no es tan sencillo llegar allá. Con la medida israelí de separar esos lugares religiosos tan importantes, cambia de tajo una fisonomía que se conservó durante muchos siglos y lo mismo ocurre con Hebrón.

Es pertinente aclarar que hoy en día la extensión de la superficie de Belén es menor en comparación a la que era antes de la ocupación israelí en 1967 ya que ese mismo año, Israel anexionó una parte que quedaba al norte de esta pequeña ciudad religiosa. Fue evidente que la política expansionista israelí se reflejó desde el mismo momento de la ocupación con esa agenda sistemática del robo territorial y desde ese entonces, no han parado las confiscaciones de tierras palestinas y en su lugar, levantar asentamientos judíos para acoger a los judíos provenientes de muchos lugares del exterior, especialmente de Europa. Pueblos enteros palestinos que quedaban en la periferia de Belén y cuyas actividades agrícolas y de pastoreo eran consideradas toda una tradición, heredadas de generación en generación que abarcaban muchísimas décadas, fueron literalmente cercenadas y reducidas a su mitad de extensión. Por mencionar algunos de esos pueblos tenemos a Beit Jala conocido por sus olivos milenarios y al

Por Kassem Asmar Castellanos

Khader también conocido por su larga trayectoria agrícola. Obviamente que el objetivo de esas confiscaciones de tierras por partes del régimen de Apartheid de Israel, es el mismo común denominador que se ha venido aplicando en todos los rincones de los territorios ocupados y es el de seguir ampliando los asentamientos ilegales.

Por si fuera poco, Israel siguió anexionando territorios pertenecientes a Belén después de aprovechar el trazado que dejó el muro que construyó, pues se adentra en Belén y de aquellas tierras que quedaron al otro lado del muro, una parte ya están en manos de Israel y a la otra porción, solo pueden llegar aquellos palestinos que porten permisos especiales en horas fijadas y que demuestren que van a trabajar la tierra. Eso equivale a que cualquier ciudadano en cualquier lugar del mundo, tiene que pedir permiso de manera permanente para poder entrar a su respectiva casa. Si bien muchas familias de Belén consiguen su sustento del aceite de olivo y de las aceitunas, con el levantamiento del muro de separación se destruyeron muchos olivos y si a eso le añadimos las tierras que quedaron al otro lado de esa enorme barrera, más las tierras que Israel confiscó para construir asentamientos para los colonos judíos, hace que los palestinos tengan motivos suficientes para sentirse preocupados, máxime que el respaldo que reciben de la Comunidad Internacional no va más allá de unas simples condenas verbales a Israel, pero que para nada ha significado un giro en la política sistemática del expansionismo y colonización de los territorios ocupados, por el contrario, en los últimos años y de manera hipócrita, Israel amplió significativamente tanto el número de sus asentamientos como el de los colonos judíos en los territorios ocupados mientras que paralelamente participaba en las conversaciones de paz con los palestinos y ese cinismo está siendo compartido con su principal aliado y proveedor de armas y recursos financieros que son los Estados Unidos.

Para la economía de Belén, ha sido sencillamente dramática la disminución de las visitas turísticas a esta pequeña ciudad por culpa del muro, que da la sensación de que se va a ir a otro país, como quiera que los puestos de control infunden tal impresión. Esta situación ha empeorado la calidad de vida de muchos de sus habitantes que hacen parte de las estadísticas de desempleados

Por Kassem Asmar Castellanos

y que son muchos. Si tenemos en cuenta que el turismo participa en una parte importante de los ingresos que reciben los palestinos de Belén, aclarando que esa actividad ha disminuido y si añadimos la dificultad que tienen los palestinos para su movilización, el panorama no es tan alentador. Todos estos sucesos y circunstancias han repercutido en muchos negocios que estaban en poblaciones árabes periféricas a Belén que en últimas, han tenido que cerrar pues el muro alarga el trayecto y la incomodidad de los check points agregan más dificultad a los que quieren pasar de un lado a otro.

Qalqilia al igual que la mayoría de ciudades y gobernaciones de Cisjordania, es una región donde la mayoría de la gente tiene vínculos con las actividades de la agricultura. Colinda a escasos kilómetros con el mar Mediterráneo y el número de habitantes de la ciudad es de 50.000, aunque sumando los pueblos y municipios que pertenecen a su gobernación, alcanzan unos 110.000 habitantes. Esta ciudad no escapa a los fenómenos del resto de las ciudades de los territorios ocupados y es que está rodeada de asentamientos judíos que albergan colonos procedentes de otros países. Dada esta circunstancia, Israel se adentró en territorio de Qalqilia al levantar el muro de separación con el impúdico argumento de que era un derecho de Israel para proteger sus colonos que están en suelo palestino. Como comúnmente ocurre en Cisjordania, los habitantes tienen que andar como si estuviesen viviendo en una ciudad llena de laberintos al tener que esquivar, por un lado, los asentamientos judíos por las normas impuestas por ese Estado racista que construye carreteras de uso exclusivo de los colonos judíos pertenecientes a esos asentamientos, que significa que los palestinos no pueden transitar cerca. Por si fuera poco, el muro de separación ha convertido a Qalqilia y sus municipios aledaños en unos cantones aislados del resto de los territorios palestinos que ha dificultado mucho la vida de los palestinos de esta región, especialmente a la hora de los desplazamientos por las trabas que encuentran en los diferentes check points o puestos de control que hacen que los palestinos pierdan mucho tiempo cuando quieren salir a trabajar, estudiar o para cualquier otra diligencia donde necesariamente se debe pasar por esos sitios de control.

Qalqilia por ser enlace y por haber participado activamente en la Segunda Intifada en el año 2000, que se produjo a raíz de la visita del Primer Ministro israelí Ariel Sharón a los lugares religiosos de los musulmanes, donde se encuentran la mezquita Al-Aqsa y la Cúpula de la Roca, lo cual fue interpretado por los palestinos como una directa provocación de parte del que fuera Jefe del ejecutivo israelí y sumado a las difíciles condiciones de los palestinos por culpa de la ocupación sionista, condujo inevitablemente al inicio de la Segunda Intifada. Como siempre ocurre, el número de víctimas del lado palestino fue muchísimo mayor que el israelí. Israel desde ese entonces, ha sometido a esta ciudad duramente, controlando los movimientos de sus habitantes y construyendo más asentamientos judíos. Las circunstancias en las que se encuentran los habitantes de Qalqilia la ubican como una región de alto índice de desempleo. Un dato importante es el que ha venido sucediendo con los desechos y basuras de los asentamientos judíos alrededor de Qalqilia al arrojar sus desechos en esa región y que terminan contaminando la periferia donde están los palestinos, generando un problema de contaminación ambiental contra los palestinos.

Hay que aclarar que muchos agricultores palestinos de Qalqilia que tienen que ir a trabajar sus tierras detrás del muro, debido a que Israel adentró el muro de separación más allá de la línea verde fronteriza, eso hizo que tierras agrícolas pertenecientes a los palestinos quedasen al otro lado y ahí empiezan las persistentes incomodidades para los labriegos palestinos que tienen que llegar a sus tierras de cultivo a través de los check points con permisos especiales, teniendo en cuenta los horarios de rutina que las fuerzas de ocupación imponen. Nada va a cambiar mientras las fuerzas invasoras de Israel no retiren sus soldados de los territorios ocupados.

Mientras me encontraba escribiendo este libro, tuve la oportunidad de leer el contenido de un periódico con fecha del 22 de abril del 2013 que decía lo siguiente: "el Ministro de Defensa de Estados Unidos, Chuck Hagel afirmó que Estados Unidos va a proveer a Israel sofisticados misiles y un sistema de radar para aviones de combate, con el fin de seguir garantizando la ventaja de la fuerza aérea israelí sobre los otros países de la región". Lo que se le olvidó decir al Ministro norteamericano es que esas

Por Kassem Asmar Castellanos

ayudas militares y financieras de gran envergadura para el Estado de Israel y que se ha mantenido durante 65 años, es decir desde 1948, le ha significado a Israel luz verde para cumplir con el programa de la ideología racista de expansionismo de los movimientos sionistas, cuyo resultado nefasto ha sido el de apoderarse de la totalidad de los territorios palestinos con la aplicación de unas políticas de Apartheid de un contenido vergonzoso de normas discriminatorias y racistas contra los palestinos, expulsando a sus habitantes que son los legítimos dueños de esas tierras y en su lugar construir asentamientos para acoger judíos de diferentes países del mundo y donde tienen sus verdaderos hogares y no los territorios palestinos. De modo que la desgracia del pueblo palestino desde hace muchas décadas, se debe al complot orquestado por Israel y su socio y mentor que es Estados Unidos. A los palestinos, desafortunadamente, les tocó lidiar con semejante dolor de cabeza.

Jenín hace parte de los territorios ocupados de Cisjordania y queda al norte de esos territorios que están bajo la ocupación israelí desde 1967. Esta ciudad de aproximadamente 37.000 habitantes es fundamentalmente agrícola y colinda con un campo de refugiados palestinos que cuentan con 13.000 habitantes y que data de 1953. Son refugiados que fueron expulsados en 1948 por Israel. La gobernación de Jenín cuenta con municipalidades y pueblos en su periferia que sumados da un total de 285.000 habitantes. Esta ciudad fue activa en la Segunda Intifada por lo que Israel, como sucede de costumbre, la atacó despiadadamente con tanques y helicópteros artillados, demoliendo muchas casas y encarcelando a bastantes palestinos por haber sido parte de la Intifada que era una protesta contra la ocupación israelí y sus políticas discriminatorias contra los palestinos. Nunca se supo la verdadera estadística en cuanto a las víctimas mortales que dejó esa incursión criminal contra los palestinos porque Israel impidió cualquier ingreso de misiones o reporteros extranjeros, so pena de que se descubra su vergonzosa y criminal práctica contra los palestinos. Centenares de viviendas fueron destruidas en ese fatídico año del 2002 cuando Israel atacó por tierra y aire, no lo hizo por mar porque Jenín no tiene costas que colinde con algún mar, de lo contrario también hubieran participado sus buques de guerra. Al final del asedio criminal que se prolongó doce días, el saldo no podía ser diferente pues la destrucción estaba reflejada en un panorama desolador y en la mirada desconcertante de miles de habitantes de Jenín, ni los puestos de salud se salvaron de ese ataque cobarde de Israel. La masacre era más que evidente e intencional, los francotiradores israelíes parecían como si estuviesen en una competencia olímpica ya que le disparaban a cualquier persona que se movía, llámese hombre, mujer, niño o niña.

El Primer Ministro israelí Sharon demostró una vez más su odio hacia los palestinos, no solamente destruyendo sus viviendas y expulsando a los palestinos de sus hogares, sino que además mostró su verdadera faceta criminal por el desprecio hacia la vida de los palestinos, al mandar a asesinar a muchos indefensos moradores. Este oscuro personaje que encarnaba la ideología expansionista del sionismo, fue requerido por una corte judicial en Bélgica para que respondiera por el genocidio en los campos de refugiados de Sabra y Shatila en el Líbano donde fueron masacrados centenares de indefensos palestinos.

La dignidad de la ONU fue duramente pisoteada por el gobierno de Ariel Sharón cuando Israel impidió la entrada a Jenín de una comisión nombrada por el entonces Secretario General de la ONU Kofi Annan para que se investigase la masacre en Jenín a manos del ejército israelí. La respuesta arrogante israelí estaba en el hecho que quería de cualquier forma, ocultar la verdad de la barbarie perpetrada contra el pueblo palestino. Como usualmente ocurre, Estados Unidos que siempre pone el grito en el cielo cuando se dan masacres en muchos lugares del mundo, ni siquiera se pronunció ante esa burla israelí a las exigencias de la ONU. De manera cínica, cuando Kofi Annan reaccionó ante esa negativa, Sharón con un estilo patético dijo que su país "no tenía nada que ocultar". Al fin, Israel dijo que permitiría la entrada a esa comisión siempre que se tuviesen en cuenta las condiciones que el gobierno de Ariel Sharón redactó. Por el descaro de su contenido y por la burla que significa para la Comunidad Internacional, enumeraré algunas de ellas:

a) Las pruebas y documentos que la comisión de la ONU tuviese acceso, serían suministrados solamente por las autoridades de Israel y no por otra autoridad.

Por Kassem Asmar Castellanos

b) Que la comisión diera garantía que ningún militar israelí fuese juzgado por crímenes de guerra, por lo tanto, no habría cabida a posibles investigaciones contra el ejército israelí.

c) Que los testigos que la comisión de la ONU vaya a entrevistar, deben ser escogidos por Israel.

d) Que una vez que la comisión de la ONU concluyese su trabajo, se abstengan de redactar sus propias conclusiones.

Ante la postura burlesca de Israel, Kofi Annan entendió que era imposible que la comisión hiciera un trabajo serio y por lo tanto queda para la historia que la ONU recibió un desaire de Israel, con el beneplácito de los norteamericanos. Obviamente como suele suceder, gracias a la colaboración de Estados Unidos que permanentemente protege la política criminal y de expansionismo del Estado sionista, no se pudo condenar a Israel por resistirse descaradamente a cooperar con la Comunidad Internacional y específicamente con las Naciones Unidas. Días después, testigos potenciales habían manifestado que Israel hizo ingentes esfuerzos por ocultar evidencias de los crímenes que había cometido en Jenín, al enterrar muchos cadáveres en fosas comunes. Si bien la evidencia anterior se podía ocultar, ¿Cómo iba Israel a ocultar centenares de viviendas destruidas? De hecho el panorama desolador que la incursión militar sionista había causado, hablaba por si solo e Israel estaba tan preocupado que la Comunidad Internacional conociera claramente lo que había ocurrido en Jenín, que optó por no permitir la entrada de comisión alguna que cualquier organismo internacional tuviese la intención de enviar. Incluso no se permitió el ingreso a ningún equipo periodístico extranjero que tuviese la intención de visitar el escenario de los crímenes.

Un hecho sorprendente que llena de dolor y rabia a los palestinos es que mientras la Comunidad Internacional intervenía en Kosovo, al acusar al presidente serbio Milosevic de crímenes de guerra, en los territorios ocupados, el Primer Ministro Ariel Sharón cometía crímenes peores que los de Milosevic, obviamente al amparo del presidente norteamericano George Bush que no se cansaba de repartir sonrisas con su gran aliado Sharón, intercambiado opiniones sobre el proceso de paz con los palestinos. No hay duda que el contenido de esas opiniones estaba plagado de engaños e hipocresías.

Foto 6. Fuente AFP. *"Imagen de la Segunda Intifada"*

Con el avance de la tecnología a través del uso del internet y celulares avanzados, hoy en día es difícil ocultar información y acontecimientos. Amnistía Internacional de manera discreta ya había recopilado datos de las atrocidades que habían cometido los soldados israelíes en Jenín, pues tenía evidencias claras de muchos cadáveres sepultados bajo las ruinas de viviendas y además, Amnistía Internacional informó que los soldados disparaban sin respetar a nadie y por si fuera poco, se le negó a los civiles abandonar la zona del asedio. Por lo tanto, hubo flagrante violación a los derechos humanos. Un miembro destacado de Human Rights Watch, Peter Bauckaert, dijo que hubo heridos que murieron esperando asistencia médica que nunca llegó, ante la negativa de los militares israelíes al permitir el paso de alguna ambulancia o personal médico. Ese mismo organismo afirmó que la incursión violenta israelí destruyó 600

Por Kassem Asmar Castellanos

viviendas de humildes personas en el campo de refugiados, aunque sus habitantes se resisten a abandonar la zona y desde 1953 han sufrido cualquier cantidad de hostilidades y humillaciones. Lo que los mantiene al filo de la resistencia contra las fuerzas de ocupación es su inquebrantable convicción que su causa es justa, muy justa y como dijo un habitante de Jenín, "aunque tengamos que seguir soportando esas hostilidades y agresiones, no perdemos la esperanza que algún día conseguiremos la paz y la independencia para el bien de las generaciones venideras".

En últimas, el problema no es con el pueblo judío sino con las políticas criminales de Apartheid que practica el Estado de Israel y ahí es donde nacen las zancadillas para llegar a un acuerdo con los palestinos.

Jerusalén es una ciudad milenaria de gran importancia religiosa para las tres religiones monoteístas que son la judía, la musulmana y la cristiana. Después de la Primera guerra entre el reciente Estado de Israel y los árabes en 1948, Jerusalén quedó dividida en dos partes, la Occidental para los judíos y la parte Oriental para los palestinos aunque bajo administración de Jordania. En la guerra de 1967 Israel ocupó Cisjordania, Gaza, el Sinaí y los altos del Golán. Como Jerusalén Oriental hacia parte de Cisjordania, quedó bajo las fuerzas de ocupación israelí y de manera arbitraria, Israel unificó en 1980 a Jerusalén y la proclamó como capital de Israel. La Comunidad Internacional condenó el hecho y la ONU expidió la Resolución 478 por medio de la cual, se consideraba ilegal e inaceptable la medida israelí. Por lo tanto, junto con los más de 150 asentamientos ilegales judíos esparcidos a lo largo y ancho de los territorios ocupados, son los dos temas más difíciles de resolver en las conversaciones de paz con los palestinos, por la intransigencia israelí a asumir una postura seria que signifique un avance en la búsqueda de soluciones prácticas a los dos temas mencionados.

En 1947, un comité especial de las Naciones Unidas propuso que la ciudad fuese dividida en dos, una parte de la ciudad para los judíos y otra parte para los palestinos, aunque su administración quedaría bajo un régimen especial de las Naciones Unidas. La propuesta fue aceptada por los líderes sionistas más no por los palestinos por la sencilla razón que siendo los palestinos mayoría,

Por Kassem Asmar Castellanos

se les estaba concediendo a los judíos una parte mayor de la ciudad de Jerusalén. De igual forma ocurrió con el resto de Palestina cuya partición demostraba muy claramente que se estaba favoreciendo a los judíos, máxime si tenemos en cuenta la arrogancia con que los Estados Unidos manejó el asunto en las diferentes sesiones de las Naciones Unidas, con el fin de que se diera una vergonzosa parcialización a la causa ideológica sionista en detrimento del pueblo palestino.

En la guerra árabe-israelí de 1948, fueron expulsados de Jerusalén y de su periferia unos 70.000 palestinos y el saqueo estaba a la orden del día. Las autoridades de Israel de manera bastante folclórica, anunciaron que los negocios y viviendas de los palestinos que "habían abandonado la ciudad" que sumaban unas 10.000 propiedades, sencillamente pasaron a manos de los judíos porque según Israel, se estaba violando una ley que facultaba al gobierno sionista a transferir esas propiedades "abandonadas" al Estado israelí.

David Ben Gurion, sionista radical cuya visión religiosa y su particular forma de interpretarla, le "daba el derecho a Israel de apoderarse de cada pulgada de los territorios palestinos", no tuvo mayores inconvenientes obrando en calidad de Primer Ministro, de declarar al Oeste de Jerusalén como parte de Israel a principios de 1949. La Comunidad Internacional reaccionó y declaró ilegal la medida israelí. En la guerra de 1967, Israel se apoderó de toda Jerusalén al ocupar la parte Palestina que era el Este de Jerusalén y lo más cínico y racista de las medidas que se empezaron a ejecutar, estando toda Jerusalén bajo ocupación militar israelí, consistía en la judaización a toda marcha de la ciudad, desalojando a como diera lugar a muchos palestinos. Se aprobaron leyes sionistas que "les permitió" ir mucho más allá de los límites que la municipalidad de Jerusalén tenía antes de la guerra.

La anexión del Este de Jerusalén después de la guerra de 1967, no solo se limitó a la Ciudad Sagrada, sino que Israel anexionó 28 pueblos de la periferia que abarcaban diferentes puntos cardinales y las incorporó a Jerusalén, es decir, se extendió añadiendo 70 Km^2 de territorio palestino entre Jerusalén Oriental y los pueblos colindantes cercanos de Cisjordania. Una vez que la ONU se percató de esa práctica, expidió la Resolución 2253 emanada por la Asamblea General de la ONU, que le exigía a Israel detener todas sus iniciativas ilegales para no alterar la composición geográfica y demográfica de Jerusalén. Como respuesta, Israel no solo desobedeció la Resolución de la ONU sino que aceleró la confiscación de tierras palestinas y la expulsión de sus moradores. Estados Unidos como muestra de amistad con Israel, se hizo el de la vista gorda y no condenó esos hechos. La IV Convención de Ginebra es clara en su contenido al prohibir tajantemente a cualquier Estado que se apropie por la vía militar, declarar esas tierras como parte integral del territorio de la fuerza ocupante, por lo tanto es totalmente inadmisible la anexión del Este de Jerusalén a Israel.

Otra ley de la política de Apartheid que promulgó hace mucho tiempo Israel y que deja pocas dudas acerca de las medidas de segregación racial contra los palestinos, tiene que ver con una normativa que redactó Israel en 1967 referente a los habitantes palestinos de Israel, donde fueron puestos ante una difícil disyuntiva que consistía en aceptar la ciudadanía israelí o en su defecto una especie de "residencia permanente" en Jerusalén. Muchos palestinos vieron que aceptar la ciudadanía israelí era como contribuir a sus planes de "legalizar la ocupación israelí". El problema con los que decidieron por la "residencia permanente" que fueron la inmensa mayoría, es que deben seguir viviendo en Jerusalén y si se deciden viajar debe ser por periodos cortos. Las ausencias largas pueden darle la facultad a Israel de revocar o abolir su "residencia permanente" en Jerusalén. Ni siquiera puede ir a vivir por un periodo relativamente largo donde algún familiar que se encuentre en otro lugar de los territorios ocupados. Mientras que los judíos que quieren salir y ausentarse el tiempo que deseen, las puertas no solamente de Jerusalén sino de cualquier lugar de los territorios ocupados, siempre las tendrán abiertas gracias a la "amabilidad" de las fuerzas de ocupación.

Tampoco hay que ser expertos en asuntos internacionales para llegar a la conclusión que es una medida discriminatoria que busca mermar la presencia Palestina en Jerusalén y de paso cumplir con el propósito central de judaizar la ciudad.

Por Kassem Asmar Castellanos

Otro dato importante tiene que ver con el trazado del muro de separación (Israel lo llama el muro de seguridad) donde de facto se confiscó el 19% de tierras de humildes palestinos de Jerusalén. Sobre ese particular, la Comunidad Internacional se había pronunciado y el Consejo de Seguridad de las Naciones Unidas en 1968 a través de la Resolución 252 le recordó a Israel lo que había puntualizado con la Resolución 2253 de 1967. Esta nueva Resolución, le aclaraba a Israel la ilegalidad y la invalidez de todas sus normas que tengan como objetivo, expropiar y expulsar palestinos con el oscuro propósito de cambiar el escenario geográfico y demográfico de Jerusalén. Israel desde que se hizo con el control de toda Jerusalén en 1967, sus pretensiones siempre se encaminaron a la judaización de la ciudad, aplicando normas discriminatorias y de claro atropello contra los palestinos para cambiar el Estado poblacional de Jerusalén, con fines políticos y de expansionismo, además menguar al máximo el status de la identidad Palestina sobre la ciudad.

Toda esta estrategia sionista que se ha venido aplicando con la complicidad de los gobiernos norteamericanos, le ha permitido a Israel llevar a cabo una política secuencial de colonización a gran escala, con la construcción de muchos asentamientos en el este de Jerusalén que reclaman los palestinos y en la periferia de la ciudad donde prácticamente Jerusalén quedó rodeada de asentamientos y barrios judíos, de modo que en la parte Palestina, el Estado racista de Israel ha albergado alrededor de 220.000 colonos judíos que sumados a los 330.000 que viven en los otros asentamientos del resto de los territorios ocupados, totalizan 550.000 los judíos que viven en asentamientos ilegales en los territorios ocupados. Adicionalmente, en Jerusalén del Este como en cualquier otro lugar de los territorios ocupados, si algún palestino quiere construir su vivienda, tiene que sacar permisos especiales de las autoridades y fuerzas de ocupación que resultan en la mayoría de las veces, costosos y bastante engorrosos su tramitología. Aquellos palestinos que construyen sin ese permiso, deben someterse a la posibilidad de que sus viviendas puedan ser demolidas ¡lo que faltaba, pedirle permiso a los usurpadores y a las fuerzas de ocupación para construir!

Por Kassem Asmar Castellanos

El siguiente dato refleja la magnitud de la expansión sionista en Jerusalén del Este, anexionada por Israel. La política de expansionismo y judaización de Jerusalén a gran ritmo se ve reflejado en más de 50.000 viviendas que han construido en la parte Este de la ciudad, que les ha permitido ilegalmente acoger a más de 220.000 judíos de muchos lugares del mundo y esto ha sido posible con la expulsión y demolición de muchas viviendas palestinas. Pero en contraste, solo 800 viviendas para palestinos se han podido construir en el mismo lapso de tiempo y la razón fundamental es que para que un palestino obtenga un permiso o licencia para construir su vivienda, es una verdadera tarea titánica. Otra medida de segregación racial es aquella que tiene que ver con normas que expide Israel contra los habitantes palestinos de Jerusalén, con el fin de convertirse en una fuerza disuasiva psicológica, con el objetivo de obligarlos a abandonar la ciudad y mermar la cantidad de habitantes palestinos en Jerusalén. Por ejemplo, aquel palestino que está casado con otro palestino que no es de Jerusalén sino de otro lugar de Cisjordania, no puede traer a su esposa o esposo a vivir en Jerusalén, a sabiendas que son territorios ocupados palestinos. Lo mismo ocurre cuando se pretende llevar a algún hijo. Obviamente, el propósito de esta medida racista es el de obligar a muchos palestinos a renunciar a sus derechos de vivir en Jerusalén. No olvidemos que hay una ley paralela que quita el derecho de residencia a los palestinos de Jerusalén cuando estos se ausentan un periodo relativamente largo. Ahora supongamos que en el caso que un ciudadano o una familia Palestina que se haya ausentado uno o dos años de Jerusalén y al cabo de ese tiempo tomen la determinación de volver, en la práctica será difícil por las políticas discriminatorias de viviendas que hace que siempre se presente un déficit constante de vivienda para la población Palestina de Jerusalén.

Es tan fuerte la judaización que ha sufrido Jerusalén que aquellos palestinos que viven a escasos dos o tres kilómetros de la ciudad, tienen que sacar un permiso especial para entrar a Jerusalén, en un horario de entrada y salida establecido por las autoridades de ocupación. Eso deja un sabor amargo entre los palestinos que se preguntan cómo es posible que el pueblo palestino que ha echado raíces durante siglos y a través de muchas generaciones, tengan que parar en cada lugar a pedir permisos de tiempos limitados para ir de un lugar a otro en su propio territorio, mientras que el colono judío europeo que lleva un tiempo tan corto que se podría contar con los dedos de una mano, dispone de más libertad en los territorios ocupados, incluyendo Jerusalén.

El informe de la ACRI (Asociación de Derechos Civiles en Israel) de mediados del 2012, asegura que las ¾ partes de la población palestina de Jerusalén del Este, vive en la pobreza. Los palestinos que viven ahí son aproximadamente 320.000 habitantes y desafortunadamente el trato que esos palestinos reciben por parte de las autoridades municipales sionistas de Jerusalén, es diametralmente opuesto a los tratos especiales que reciben los habitantes del Oeste de Jerusalén y los colonos judíos que viven en los asentamientos y barrios ilegales en Jerusalén Oriental. Si a eso sumamos el alto índice de desempleo que tienen esos palestinos que se vio reflejado después de que Israel levantase el muro de separación, que a la postre significó la desunión con el resto de los territorios ocupados de Cisjordania, toda vez que se ha vuelto muy difícil llegar a Jerusalén y eso ha obligado que muchos palestinos del resto de Cisjordania limiten significativamente sus visitas a Jerusalén lo que ha acarreado una situación de cierre de muchos negocios que los palestinos tenían durante décadas. Sencillamente la situación de los palestinos es muy difícil y al respecto hay que ser objetivo, esta es una abusiva táctica de Apartheid de las fuerzas de ocupación que pretende desesperar y amilanar el espíritu de lucha de los palestinos en todos los rincones de los territorios ocupados, con la finalidad de obligarlos a abandonar lo que ha sido sus hogares durante siglos.

Por *Kassem Asmar Castellanos*

8. EL LOBBY JUDÍO Y LA ONU EN EL CONFLICTO PALESTINO-ISRAELÍ

A menudo vemos y escuchamos un término que se repite, especialmente en épocas electorales en Estados Unidos y no alcanzamos a entender la magnitud de su contenido, me refiero "Lobby judío".

El término "Lobby judío o sionista", hace referencia al dominio de un importante segmento de la comunidad judía, que hace parte de la sociedad norteamericana y que tiene un amplio poder de unificar criterios a través de sus asociaciones y organismos, que en últimas buscan el rumbo que ellos creen necesario para la política exterior de Estados Unidos, que debe ser garantía para los intereses del Estado de Israel. Incluso en las épocas electorales en Estados Unidos, por tener los judíos un importante sector de los medios de comunicación, pueden incidir en el resultado de las elecciones y en el patrocinio de esas campañas políticas, por su capacidad financiera de hacer millonarias donaciones a aquel candidato presidencial que creen que podría favorecer más ampliamente los intereses del Estado sionista. ¿Cómo es posible que una cantidad relativamente pequeña de comunidad judía logre esto?

Su habilidad es tal que han logrado permear las diferentes organizaciones cristianas para buscar sus respectivos respaldos ante la opinión pública, por eso es que en muchas ocasiones vemos a líderes y pastores cristianos hablando maravillas de Israel, en sus habituales programas televisivos y radiales que van dirigidos a muchos países del mundo. El lobby judío mantiene especial control en el Congreso norteamericano, con el objetivo primordial de garantizar la ayuda permanente en lo económico, político y militar para el Estado de Israel, incluso hay líderes cristianos de peso en el Congreso de los Estados Unidos como Dick Armey que siendo cristiano, defiende los intereses israelíes como un empedernido sionista radical. Pero el lobby judío no se limita a las explicaciones dadas anteriormente ya que también tienen presencia en importantes sectores tecnológicos y financieros.

Por Kassem Asmar Castellanos

La ayuda financiera norteamericana a Israel supera los 3500 millones de dólares al año y el lobby judío ha logrado que Estados Unidos no monitoree como Israel hace uso de esos recursos monetarios. Por ejemplo, una parte de esa ayuda estadounidense es usada para el expansionismo israelí con la ampliación y construcción de más asentamientos para los colonos judíos en los territorios ocupados. El lobby judío aprovecha cualquier aspecto que involucre la sociedad norteamericana en la agenda del Congreso norteamericano. Por ejemplo cuando el presidente Bush declaró la guerra al terrorismo a finales del 2001, Israel aprovechó esa coyuntura para expresar su profunda comprensión hacia Estados Unidos, debido a que también estaban siendo hostigados por organizaciones terroristas como Hezbola y Hammas. De esta manera, trata de legitimar los crímenes que Israel ha venido perpetrando contra los palestinos y las continuas masacres en Gaza. Adicionalmente, de las actividades que más esfuerzo dedican es el de la cuestión religiosa, donde el expansionismo israelí y la construcción de asentamientos judíos como la interminable ocupación de los territorios palestinos, pretenden justificarlo al decir que es un derecho legítimo por "Mandato divino", aunque esa tesis tan absurda y engañosa ha perdido fuerza, debido a que la opinión pública mundial se ha venido dando cuenta de las atrocidades contra el pueblo palestino y de la no compatibilidad de estas conductas con ninguna de las Sagradas Escrituras.

La libertad de expresión que tanto alarde hace los Estados Unidos como una gran potencia que la defiende, va en contravía con la imagen de la Estatua de la libertad a la hora de enfrentarse con el lobby judío. ¿Qué periodista se atreve a denunciar los atropellos a los que son objeto permanente los palestinos?, ¿Quién se atreve a cuestionar la política expansionista israelí en los territorios ocupados, desde su oficina de redacción?. Muy pocos por no decir nadie, por el temor de cualquier periodista a ser expulsado de su trabajo.

El Lobby judío más fuerte de Estados Unidos es el AIPAC (Comité estadounidense-israelí de Asuntos Públicos). Este Comité o Asociación vigila muy de cerca la política exterior de Estados Unidos y su relación con Israel, es decir, que siempre se asegura que el trazado de la política exterior norteamericana

Por Kassem Asmar Castellanos

termine favoreciendo los intereses de Israel. Uno de sus principales objetivos es mantener el interés del Congreso norteamericano en seguir apoyando, por mayoría, a Israel y lo consiguen durante las campañas electorales donde hacen una férrea campaña publicitaria, aportando considerables dosis financieras para aquellos candidatos al Congreso que demuestren su profundo "cariño" hacia Israel y su disposición de apoyar la política israelí en los territorios ocupados. El AIPAC no ahorra el mínimo esfuerzo por conseguir las aprobaciones que consideren necesarias del Congreso Estadounidense para adquirir las enormes ayudas financieras, militares y políticas como ayuda permanente para Israel. Por razones obvias, todas las cuestiones relativas a las actividades inherentes al lobby judío, se mencionan muy disimuladamente en la sociedad norteamericana para no causar malestar o revuelo. Además, el representante de Estados Unidos ante el Consejo de Seguridad de la ONU, no escapa de las directrices que trazan los líderes del lobby judío y del Congreso influenciado por el AIPAC.

El Secretario General de las Naciones Unidas, en el papel, está llamado a hacer un trabajo objetivo e imparcial, debido a que es el representante por excelencia de la ONU ante el mundo y debe ser un diplomático de muy alto perfil con capacidad para liderar procesos de paz y adicionalmente, proponer soluciones a las diferentes crisis que pudiesen presentarse en diferentes lugares del mundo en lo referente a la cuestión política, económica, social y de los derechos humanos. Su rol más importante está en dar sugerencias que tienen relación directa con la estabilidad de la paz y con aquellos conflictos delicados que pudiesen amenazar la misma y de paso afectar países o regiones. Debe tener una amplia disposición para escuchar y analizar a los muchos representantes de la ONU, con el fin de llevar sus inquietudes y sacar su propia conclusión, pero ¿Qué es la ONU? La ONU (Organización de las Naciones Unidas) se creó en 1945 con el propósito de preservar la paz y la concordia entre los pueblos, tomando determinaciones que ayuden a consolidar las metas propuestas. Otro de sus objetivos, es el de hacer esfuerzos para resolver y evitar conflictos entre los países, además, promover cooperaciones multilaterales con el fin de encontrar propuestas y soluciones para cuestiones de interés común como son los temas económicos y lo referente a los derechos humanos.

Por Kassem Asmar Castellanos

Dentro de las Naciones Unidas existen varios órganos pero se mencionará dos que nos compete al tema tratado, la Asamblea General y el Consejo de Seguridad. La Asamblea General de la ONU tiene en cuenta la participación de todos sus miembros que son 194 y que representan igual número de países que tienen el derecho de usar sus respectivos votos. Ahí se dan debates de diferentes índoles y prioridades, además, discursos por parte de los diferentes jefes de Estados. Entre los ejercicios que competen a la Asamblea General, está el de hacer observaciones y recomendaciones acerca de conflictos, hambrunas, problemas económicos y de desarrollo y formular iniciativas sobre el calentamiento global entre otros objetivos comunes. Estos debates y ejercicios se dan cada año.

El Consejo de Seguridad de la ONU, a diferencia de la Asamblea General, cuenta con solo 15 miembros entre los cuales hay cinco que son miembros permanentes que son Estados Unidos, Rusia, China, Gran Bretaña y Francia. A estos países se les otorgó en 1945, la potestad de usar un mecanismo que le da la facultad de bloquear y dejar sin efecto cualquier iniciativa o proyecto de Resolución sobre alguna cuestión relativa a la seguridad y la paz que son los temas concernientes a ese órgano. Este mecanismo se llama el veto.

Las Resoluciones que se aprueben en el seno del Consejo de Seguridad de la ONU, se convierten en medidas disuasivas para que aquel país o países cumplan con su contenido. Los otros diez miembros no permanentes, son elegidos por la Asamblea General para un periodo de mandato en el Consejo de Seguridad de dos años. De todos modos, para votar cualquier Resolución dentro del Consejo de Seguridad de la ONU, se debe tener en cuenta que hay 15 votos entre sus miembros. Sea dicho de paso, nunca un país de los miembros permanentes de éste Consejo, había usado el veto para proteger los intereses de un país como lo hizo Estados Unidos, donde ejerció ese "derecho" para bloquear y vetar en 42 oportunidades, Resoluciones que condenaba a Israel por sus prácticas expansionistas y discriminatorias contra los palestinos. Adicionalmente, Israel tiene en su haber todo un amplio récord desacatando decenas de Resoluciones de la ONU, que le ha pedido muchas veces que pare su política de construcción de asentamientos en los territorios ocupados, que

Por Kassem Asmar Castellanos

ponga fin a las medidas discriminatorias y violaciones de los Derechos Humanos contra los palestinos y que una vez por todas, se retiren de Cisjordania, Jerusalén del Este y los Altos del Golán de Siria, como requisitos previos para una solución sería en el Medio Oriente.

Desde que se creó la ONU, la cuestión palestina es la que ha acaparado más debate y atención en sus instalaciones pero también hay que decirlo, es el conflicto donde más desacatos se han presentado ya sea por la continua práctica norteamericana de vetar cualquier Resolución condenatoria contra Israel o porque Israel no respeta la legalidad internacional, provenga de donde provenga. A lo largo de su historia como Estado, Israel en los últimos 65 años ha eludido muchas veces el clamor de la Comunidad Internacional sobre el conflicto palestino-israelí. Desafortunadamente, las conductas tanto de Estados Unidos como de Israel en ese organismo internacional, para nada son compatibles con el espíritu ético y moral de la ONU que propende impartir justicia con equidad, con el fin de preservar y lograr la paz y la convivencia en armonía entre los países.

Sin duda alguna, hay un pacto de entendimiento entre Estados Unidos e Israel, donde se plasma sus inquebrantables alianzas solidarias y mutuas que se ha venido traduciendo en los últimos 65 años, en un nefasto perjuicio contra las justas aspiraciones palestinas en procura de la autodeterminación. El presidente de la autoridad nacional Palestina Mahmud Abbas dijo hace poco en el recinto principal de la ONU que los palestinos solo están reclamando el 22% de lo que fue Palestina a mediados del siglo XX para establecer su Estado, ¿Es esto demasiado?

Por Kassem Asmar Castellanos

9. PROCESO DE PAZ PALESTINO-ISRAELÍ: MÁS DE 20 AÑOS DE DIÁLOGO SIN NINGÚN AVANCE IMPORTANTE

Usualmente, el conflicto palestino-israelí se presenta tanto de parte de Israel como de su socio y protector que es Estados Unidos, como algo complejo y un asunto muy difícil de resolver que necesita una sobredosis de paciencia y prolongada perseverancia en su trato. Pues bien, esa tesis es un mito falso que esos países idearon para seguir justificando y eternizando la ocupación israelí de los territorios de Cisjordania, los altos del Golán y Jerusalén Oriental y de paso cumplir con otro objetivo sionista esencial y básico que es el seguir saqueando las fuentes hídricas. Sobre este tema, hay que ser directo al señalar que es absolutamente falso que la solución sea compleja, lo que ocurre es que la solución que se le quiere imponer a los palestinos, esencialmente redactada por alguna administración norteamericana de la casa Blanca que termina favoreciendo a su amigo Israel, es lo que hace que el conflicto palestino-israelí termine desembocando en un callejón sin salida.

Es imperativo aclarar que las reclamaciones del pueblo palestino se ha reducido a su mínima expresión del 22% de todo el territorio palestino que había hasta mediados del siglo XX y es apenas obvio que los palestinos se mantengan inamovibles en este punto, de lo contrario estaría renunciando al total de las tierras de Palestina que precisamente es lo que siempre ha querido la ideología sionista. Conclusión, los que han entorpecido el camino hacia una solución justa y hacia un acuerdo de paz diáfano y sin engaños, han sido los norteamericanos e israelíes por sus propuestas y planes de paz que brillan por su falta de seriedad y de sentido común. Ya han pasado más de 20 años desde que se dieron los primeros contactos y diálogos entre palestinos e israelíes y prácticamente no se ha avanzado mayor cosa y me temo que con la arrogancia de Israel con su permanente táctica de pretender engañar al pueblo palestino y a la Comunidad Internacional con el beneplácito de su principal aliado que es Estados Unidos, es difícil llegar a un acuerdo de paz valedero, bajo esas circunstancias de ausencia visible de voluntad y sensatez. Otro argumento que no deja de ser una gran farsa, es el que Israel está habituado a usar referente a la Organización

Por Kassem Asmar Castellanos

política Hammas (Israel lo tilda de Organización terrorista) donde justifica el muy poco avance en las negociaciones de paz debido a la actitud y políticas de éste grupo. Acerca de esta mentira israelí, se debe mencionar el hecho que Hammas ganó las elecciones generales palestinas en el 2006, es decir, que los diálogos de paz entre los palestinos e israelíes hasta esa fecha habían abarcado más de 13 años y durante todo ese lapso de tiempo, Israel nunca mostró voluntad de compromiso real en esas conversaciones, incluso su altanería y cinismo tomó tal dimensión que mientras se dialogaba de paz con los palestinos, simultáneamente se destruían y confiscaban casas de palestinos para seguir construyendo más asentamientos en los territorios ocupados. Por su parte, Estados Unidos "lamentaba" esa actitud israelí pero a la misma vez bloqueaba vetando cualquier Resolución del Consejo de Seguridad de las Naciones Unidas que pretendía condenar a Israel por sus prácticas descaradas e ilegales.

Otra mentira que Israel muestra en sus diferentes discursos, es que trata de argumentar que el problema del Medio Oriente es de carácter religioso debido (según Israel) a que los árabes con una visión religiosa radical quieren acabar con la existencia de Israel. Hay que precisar que este engaño es aún más grande que las anteriores como quiera que la ideología sionista que se fijó hace 115 años, tiene carácter netamente religioso y expansionista pues sus líderes habían llegado a la conclusión que Palestina, en su totalidad, le pertenece y que el único pueblo con derecho a habitar esas tierras es el pueblo judío por "Mandato divino" consagrados en las antiguas escrituras. De modo que la ecuación referente a ese último punto ha sido totalmente invertida por Israel y lo que corrobora ese hecho es que Israel quiere mantener ese engaño al mostrar como un derecho legítimo, las decenas de asentamientos que ha construido en los últimos 45 años en Cisjordania, Jerusalén Oriental y en los altos del Golán, donde le inculca a sus ciudadanos israelíes desde muy niños y en general a todos los judíos, que esa práctica expansionista tiene el respaldo inequívoco de los preceptos contenidos en las escrituras bíblicas y por lo tanto quienes sobran en estos territorios son los palestinos.

Por Kassem Asmar Castellanos

Tuve la oportunidad de visitar los territorios ocupados a mediados del 2008 y siendo sincero, me sorprendió la voluntad de la inmensa mayoría de los palestinos de diferentes lugares en alcanzar un acuerdo de paz que les permita convivir con los judíos, libres de odio o resentimientos. Esto demuestra que el pueblo palestino es un pueblo que pese a los atropellos, hostilidades y discriminaciones que les ha tocado soportar durante tantos años, está dispuesto a estrechar la mano de cualquier ciudadano israelí en aras de compartir una verdadera convivencia pacífica que tenga en cuenta los derechos de todas las partes. Alguien cuestionará lo dicho, al recordar que desde Gaza, Hammas lanza sus cohetes Qassam sobre Israel y eso puede contradecir el espíritu pacífico que se mencionó. Lo primero que hay que aclarar es que desde hace muchos años, los habitantes de la Franja de Gaza han vivido un fuerte asedio y bloqueo militar israelí que prácticamente estrangularon su economía de tal manera que han conseguido que la pobreza aumente dramáticamente y si adicionamos a lo anterior las masacres debido a las operaciones infernales militares israelíes sobre Gaza, esto terminó por generar odio y resentimiento.

No es necesario ampliar el comentario acerca de Gaza por haber sido tratado en un capitulo anterior pero, aunque suene un tanto extraño, lo mejor que le pudo pasar a Israel es que Hammas haya ganado las elecciones porque automáticamente esto le significó a Israel el mostrar un pretexto para paralizar y salirse por la tangente de su compromiso con la Comunidad Internacional y con los diálogos y acuerdos de paz, al decir que en los territorios ocupados está gobernando una Organización terrorista y para cerrar con broche de oro, lo tomaron como una excusa perfecta para ampliar su malla de asentamientos judíos en Cisjordania y en Jerusalén del Este aunque lo más sorprendente de todo es el hecho que esa práctica se empezó a hacer sin ninguna clase de discreción y ante la mirada de la opinión pública mundial y obviamente de sus líderes, especialmente los mandatarios occidentales encabezados por Estados Unidos, Francia y Gran Bretaña cuyas únicas y débiles "reacciones" ante el expansionismo sionista, se podía percibir como gestos claros a favor de Israel, al pretender mostrar que sus gobiernos estaban preocupados ante la política expansionista y de construcción de asentamientos del Estado sionista en los territorios que invadieron

Por Kassem Asmar Castellanos

en la guerra de 1967 pero que en la realidad, nunca significó una verdadera presión contra Israel por la sencilla razón que eran condenas efímeras y verbales sin ningún efecto práctico, tanto así que Israel nunca se preocupó por esas condenas teóricas a tal punto que la construcción de asentamientos en los territorios ocupados, se ha mantenido como una constante desde 1967 hasta el día de hoy.

La ética de la neutralidad en el seno de la Comunidad Internacional, tiene que prevalecer a la hora de juzgar con sus decisiones, todo aquello que esté relacionado con la problemática del medio oriente y particularmente el conflicto palestino-Israelí. Dicho de una manera más directa, la conducta del Estado sionista, tiene que ser sometida al escrutinio de las leyes que rigen el orden jurídico mundial para frenar su permanente violación de las mismas.

La conclusión que se puede derivar de todo ese espiral de eventos es que los países occidentales, especialmente los Estados Unidos, tienen una alta cuota de responsabilidad al ser permisivos con la política expansionista Israelí y en ese orden de ideas, la pregunta que valdría la pena formular es ¿hizo la Comunidad Internacional, algún esfuerzo significativo para frenar la política expansionista de Israel en los territorios ocupados? La respuesta es No.

Años después, los países occidentales siempre mantuvieron un mismo slogan en el sentido de que cualquier solución al conflicto palestino-Israelí se debía canalizar a través de conversaciones de paz, cuyo requisito inicial consistía en que los representantes del pueblo palestino debían reconocer el derecho de Israel a la existencia, aunque en la intimidad de cualquier análisis, esta pequeña frase puede abarcar diferentes matices y connotaciones, dependiendo del significado que los lideres sionistas le quieran dar. Sin embargo, los líderes palestinos sintieron la necesidad de apostar por un mecanismo que a su juicio fuese más viable como solución al conflicto y por lo tanto comunicaron ese deseo a los países occidentales a principios de los años 90. Lógicamente que la decisión de los palestinos generó mucha expectativa, no solamente en la población palestina, sino que además a nivel mundial debido a que muchos creían que una solución pacífica al problema central del medio oriente, esta vez estaba más cerca que nunca.

Pero, en la medida en que los años iban pasando, la frustración y la decepción fueron los elementos predominantes en todos los encuentros entre palestinos e Israelíes, ¿por qué?

A continuación se esbozarán los principales planes, acuerdos y diálogos de paz entre palestinos e israelíes que, visto hasta ahora, no dejan de ser un total fracaso en virtud de lo que se puede contemplar en los territorios ocupados:

♦ Los primeros contactos directos entre árabes e israelíes se dieron en 1977 cuando el presidente egipcio Anwar el-Saddat hizo un viaje a Israel para proponer un acuerdo de paz entre ambos países. Aunque antes de ese viaje, los países árabes ya le habían comunicado al presidente egipcio su inconformidad por la determinación que había tomado debido a que los árabes veían que la única salida para la crisis del Medio Oriente tenía que partir de la base de una solución integral que implicaba un compromiso israelí de una retirada total de todos los territorios que Israel ocupó en 1967 y no como lo esbozó en 1977 Egipto, a través de acuerdos aislados que no tuviese en cuenta la participación y el legítimo derecho de los palestinos y sirios en los territorios ocupados de Cisjordania, la Franja de Gaza y los altos del Golán respectivamente.

La coyuntura que pesaba sobre el país árabe más poblado y tal vez más pobre, fue una de las razones centrales que hizo reflexionar al presidente Sadat para acercarse más a occidente y particularmente a Estados Unidos a través de esa iniciativa de paz que haciendo honor a la verdad, se limitaba a una mínima expresión toda vez que lo que realmente se estaba discutiendo era la devolución del Sinaí a Egipto a cambio de paz entre Israel y Egipto y no con el mundo árabe. En otras palabras, lo que más sobresalía en esas conversaciones de paz bilaterales con la intermediación del presidente norteamericano Jimmy Carter fueron muchas sonrisas y apretones de manos pero que para nada reflejaba una paz integral en el Medio Oriente.

Si bien los principales titulares de la prensa mundial registraba el viaje de Sadat a Jerusalén a finales del 1977 como histórico con su discurso en el Knesset (parlamento israelí), eso obedeció más a un momento eufórico que a cualquier otro contenido de gran relevancia si tenemos en cuenta que el punto fundamental de los acuerdos de Camp David tal como se llamó a ese acuerdo de paz bilateral, fue el desierto del Sinaí. El primer Ministro israelí Menachem Begin, en todo momento, se mostró esquivo en cuanto al tema de los territorios ocupados palestinos y aún más esquivo seguía mostrándose a la hora de hablar de soberanía Palestina aunque tanto Begin como Sadat habían vislumbrado la posibilidad de que los palestinos consiguiesen cierta autonomía limitada en los territorios palestinos. Obviamente que el solo hecho que el presidente egipcio tratase de asumir la vocería del pueblo palestino, causó muchísima indignación en el mundo árabe y principalmente entre los palestinos.

A los acuerdos de paz de Camp David entre Israel y Egipto firmados en 1979 se le ha dado diferentes interpretaciones, entre las cuales se comenta que fue la llave para futuras conversaciones de paz pero la realidad es otra pues el gran ganador de esa maniobra diplomática fue Israel al dejar en camino su contrincante más fuerte, a cambio de un pedazo de desierto y el resto de análisis solo son especulaciones, partiendo de la base que nos muestra el escenario de los territorios ocupados bien entrado el siglo XXI, donde la situación de los palestinos no puede ser más sombrío y complicado y esa es la verdadera realidad del Medio Oriente y no las sonrisas y saludos de Camp David.

La prolongación del conflicto perjudica mucho más a los palestinos que a los israelíes, según los datos que maneja la ONG israelí Betselem (Organización no gubernamental) entre el año 2000 y 2008 murieron en ese conflicto más de 5400 palestinos y 480 israelíes, es decir, más del 90% de los que mueren en Israel y los territorios ocupados son palestinos, sin mencionar el exagerado aumento de los asentamientos.

♦ En octubre de 1991 se dio inicio a la conferencia de paz de Madrid con la presencia de los líderes Mijaíl Gorbachov de la Unión Soviética, George Bush de Estados Unidos y representantes de alto nivel de Palestina, Jordania, Siria, Líbano, Israel, la liga Árabe y de la Unión Europea. Las reuniones informales y generales caldearon el ambiente al darse acusaciones muy fuertes de parte y parte aunque la prensa española trató de darle una dimensión mucho más grande que su verdadero significado, está conferencia produjo mucho más expectativa que cualquier logro importante.

♦ Por vez primera, la OLP (Organización para la Liberación de Palestina) e Israel habían llegado a un acuerdo de entendimiento auspiciado por el presidente norteamericano Bill Clinton y este logro fue conocido como los acuerdos de Oslo de 1993. Las partes antagónicas estaban representadas por el líder palestino Yasser Arafat y el primer Ministro israelí Isaac Rabin. Tal vez sea el acuerdo más decisivo entre representantes palestinos e israelíes pero a la vez el que más polémica ha suscitado por la anfibología de su contenido.

Sobre éste acuerdo se habla, usualmente, que el gobierno noruego fue el que llevó a cabo la mayor parte de las negociaciones de forma secreta y donde a Estados Unidos solo le tocó intervenir para formalizarlo aunque muchos tienen sus dudas en el mínimo rol que los norteamericanos "supuestamente", habían contribuido para la consolidación de esos acuerdos de paz. El comienzo formal de éste acuerdo se da con el reconocimiento mutuo de los máximos representantes de ambos lados, es decir, la OLP con su figura principal Yasser Arafat que manifestó por primera vez el derecho de Israel a la existencia y a su vez, el Primer Ministro israelí Isaac Rabin quien reconoció a la OLP como el legítimo representante del pueblo palestino y el derecho de ese pueblo a su autodeterminación. En resumen, los puntos más trascendentales de este acuerdo son los siguientes:

a) Una retirada paulatina de la Franja de Gaza y Cisjordania de las tropas israelíes y el establecimiento temporal y provisional de un gobierno palestino que más tarde se llamaría ANP (Autoridad Nacional Palestina) y un Consejo palestino que representa a los palestinos de los territorios ocupados, de manera democrática.

b) Esa transición tendrá un periodo de duración de cinco años después de la cual se fijará un carácter permanente en virtud de las Resoluciones 242 y 338 del Consejo de Seguridad de las Naciones Unidas.

c) La autoridad nacional Palestina tendrá el derecho de ejercer su gobernabilidad en las áreas de la educación, cultura, salud y turismo.

d) Así mismo, los palestinos podrán conformar un cuerpo policial con el fin de garantizar el orden y la seguridad en los territorios donde vayan ejerciendo su autoridad.

e) Lo referente al manejo de cuestiones que tiene que ver con la electricidad y el agua, los representantes de ambos bandos se comprometen a llegar a un acuerdo. (Hasta la fecha no ha habido acuerdos serios sobre ese punto).

Pero el tema que más ha caldeado los ánimos dentro de la población Palestina, es el relacionado con los asentamientos judíos en Cisjordania ya que en los acuerdos de Oslo se excluyeron de esas conversaciones, así como lo relacionado con Jerusalén del Este, los refugiados palestinos y la delimitación clara de las fronteras aunque dejaron entrever que en el futuro se podrían abordar esos temas para definir de una vez por todas su status. Todo lo anterior en el marco de las Resoluciones anteriormente mencionadas aunque el eufemismo israelí, de manera flagrante, asaltó la buena fe que la delegación Palestina había depositado en los acuerdos, al creer en el compromiso que Israel había asumido ante los palestinos y la Comunidad Internacional, especialmente referente a los asentamientos y Jerusalén Oriental. Para los palestinos, el tema de los asentamientos es de vital importancia ya que sin su desmantelamiento sería imposible hablar de un futuro Estado palestino y además el perjuicio que representa para el vivir diario de los palestinos toda vez que Israel se toma atribuciones de "derecho legítimo" de usar la red de carreteras adyacentes a los asentamientos judíos para garantizar la seguridad de sus colonos y por si fuera poco, el uso ilegal de las tierras agrícolas que colindan con muchos de estos asentamientos y el exagerado consumo de agua que sale de los territorios palestinos.

Aunque el acuerdo prevé que una vez transcurridos los cinco años a los que hace referencia el acuerdo de Oslo con base a las Resoluciones 242 y 338, Israel le da particular interpretación, especialmente lo relacionado con la Resolución 242, ¿de qué manera? La Resolución 242 de 1967 del Consejo de Seguridad de la ONU establece que ningún país puede anexionar territorios a través del uso de la fuerza y por lo tanto exige que Israel se retire de territorios que ocupó durante el conflicto bélico de 1967. Que se respete el derecho de todos el de vivir en paz dentro de unas fronteras seguras y reconocidas. Lograr un acuerdo claro y justo con el tema de los refugiados y que haya garantías y compromisos para afianzar el libre paso de la navegación en las aguas internacionales.

A esta Resolución, Israel le ha dado singular interpretación que, obviamente, le favorece muchísimo al insinuar que la Resolución dice que Israel debe retirarse de territorios ocupados y no especifica que deba retirarse de todos los territorios ocupados. En otras palabras, al estar ausente el articulo Los, Israel automáticamente entiende que no está obligado a retirarse de todos los territorios ocupados en 1967 y por consiguiente lo toma como un arma "legítimo" para justificar a través de las negociaciones de paz un retiro a su antojo que no deja de ser migajas de territorios para los palestinos y eso es lo que ha venido sucediendo con los acuerdos de Oslo.

♦ En marzo del año 2000, fracasó un intento de Estados Unidos a través de su presidente Bill Clinton de convencer al presidente Sirio de ese entonces Hafez Al Assad, de ser parte de una posible conversación bilateral con Israel, para tratar el tema de los Altos del Golán sirio que está bajo ocupación israelí desde 1967. Básicamente, lo que no ha permitido el despegue de diálogos entre Siria e Israel con referencia a este territorio, es que Israel exige que no haya condiciones previas para el inicio de ese diálogo, mientras que Siria pone como condición que Israel se comprometa públicamente a devolver a Siria los Altos del Golán, antes del inicio de cualquier conversación de paz. ¿Quién se beneficia de que no haya un acuerdo entre Israel y Siria?, obviamente Israel que sigue explotando el suelo fértil del Golán con sus habitantes que viven en asentamientos ilegales, pero el beneficio más especial que representan los altos del Golán para Israel es que una buena parte del agua que consume Israel proviene de fuentes hídricas de esa región, de modo que en la medida que esas conversaciones se sigan aplazando y dilatando, hay un claro beneficiado.

Por Kassem Asmar Castellanos

♦ A mediados del año 2000, el presidente de Estados Unidos Bill Clinton quiso revitalizar las conversaciones de paz entre palestinos e israelíes que marchaban a paso de tortuga y hacia un sendero opaco cuyo resultado no era nada halagüeño. La cita era en Camp David, un rancho de descanso presidencial en las afueras de Washington y aunque desde el principio de esas conversaciones las imágenes que mostraban los diferentes medios de comunicación de los tres líderes involucrados en estos diálogos, era de muchos apretones de manos, la realidad fue diametralmente opuesta debido a que los asuntos más delicados a tratar como es el de los asentamientos judíos y el tema de Jerusalén del Este, suponía que el asunto no era fácil de resolver. Israel mostró su indeclinable deseo de mantener la mayor parte de su malla de asentamientos en Cisjordania que significaba casi el 10% de la ribera Occidental y a cambio Israel ofrecía un trozo de territorio cerca de la Franja de Gaza y del desierto de Neguev, de menor calidad y tamaño. En términos prácticos Yasser Arafat no podía aceptar la propuesta israelí porque eso condenaba al pueblo palestino a vivir en un territorio interrumpido y discontinuo en cantones. No olvidemos que los asentamientos están dispersos a lo largo y ancho de Cisjordania y tienen jurisdicción que prohíben a los palestinos acercarse a ellos como también prohíbe que los palestinos usen su malla vial cercana a esos asentamientos, por lo tanto y por cuestiones de sentido común, Yasser Arafat no podía aceptar esta propuesta porque no permitía la puesta en marcha de un Estado palestino, sencillamente por ser inviable.

El otro tema que reviste carácter espinoso es el relativo a Jerusalén del Este donde Israel a través de su Primer Ministro Ehud Barak propuso que esa parte de la ciudad religiosa fuese administrada conjuntamente, a lo que el líder palestino respondió que no podía darse el lujo de renunciar a una parte importante de la soberanía palestina. Esas diferencias marcadas entre ambas partes llevó a un fracaso de esas conversaciones que tenía un antecedente no tan comprometedor que era el acuerdo de Oslo de 1993. Hay que decirlo con mucha franqueza, la puesta en operatividad de unos acuerdos que desde el inicio ignoró los temas más importantes como fueron los asentamientos judíos y Jerusalén del Este, necesariamente tarde o temprano iba a terminar en un círculo vicioso y con ese escenario tan turbio, el

Por Kassem Asmar Castellanos

presidente norteamericano quiso a toda costa y antes de finalizar su mandato, destrabar ese proceso de paz árabe-israelí arreglando el encuentro de camp David pero no resultó lo que pretendía el presidente Clinton, aunque al final del encuentro y a pesar de la presión ejercida sobre el líder palestino Yasser Arafat, éste no cambió de opinión ya que las diferencias eran grandes y no como dijo días después el mandatario Estadounidense que el momento histórico fue desaprovechado por los representantes palestinos.

Otro argumento israelí es que nunca se había hecho tantas concesiones a los palestinos aunque tampoco es cierto ese razonamiento debido a que el término concesión no es compatible con las tierras que Israel mantiene bajo ocupación militar ya que son territorios palestinos. Después de dos semanas de reuniones en camp David, las dos delegaciones abandonaron ese encuentro dando por concluido el esfuerzo de Clinton que le tocó conformarse de ver el fracaso de esa cumbre.

Es muy importante señalar que el Primer Ministro israelí Ehud Barak presentó sus propuestas con una coincidencia sorprendente con un plan estratégico elaborado en 1967 por un político israelí llamado Yigal Allon, más conocido como el plan Allon y donde sugería en sus puntos centrales que Israel debe anexionarse una gran parte de los territorios que ocupó en 1967 y permitir el establecimiento de un gobierno palestino con funciones limitadas en el resto de Cisjordania y la Franja de Gaza. En otras palabras, el 22% de lo que fue Palestina hasta mediados del siglo XX y que es lo que reclaman los palestinos para constituir su Estado, se reduciría a no más del 13% de los territorios palestinos, según la propuesta del Plan Allon. De modo que no sería nada atrevido decir que la delegación israelí llevó en su agenda a la reunión de Camp David, la vieja, atrevida y ridícula propuesta de éste Plan.

♦ En enero del 2001 se llevó acabo en Taba, ubicada en la península del Sinaí, unas reuniones entre delegados de Israel y Palestina y este encuentro se conoció con el nombre de la Cumbre de Taba. En esa cumbre, Ehud Barak (que no estuvo debido a su agenda ocupada con las proximidades de las elecciones en Israel), había hecho una serie de propuestas que en realidad no ofrecía cambios sustanciales a las presentadas en

Por Kassem Asmar Castellanos

la reunión de camp David en el año 2000. Repitió lo que los palestinos no querían oír, pues Israel volvió a sugerir que tenía la intención de mantener la mayor parte de la malla de asentamientos judíos dispersos en Cisjordania y además que la solución en lo referente a Jerusalén del Este se podía resolver teniendo en cuenta el orden demográfico de esa parte de la ciudad, es decir, que donde haya judíos se anexiona a Israel y la diminuta parte donde están los palestinos sería la capital de un Estado palestino.

No se necesita tener más de dos dedos de frente para entender que desde 1967, se erigieron muchos asentamientos y barrios judíos en Jerusalén Oriental donde la Comunidad Internacional los ha considerado ilegal y adicionalmente albergan más de 220.000 judíos. Estas prácticas violan la IV Convención de Ginebra y las Resoluciones 446, 465, 298, 242, 252 y 478 del Consejo de Seguridad de la ONU. En síntesis, esas Resoluciones consideran que los asentamientos no tienen soporte legal y son un serio obstáculo para lograr un acuerdo de paz justo entre las partes y además las expropiaciones y confiscaciones de tierras Palestinas así como el desplazamiento de sus moradores para tales fines expansionistas, son totalmente inadmisibles e ilegales, por lo tanto Israel está en la obligación de desmantelar todos los asentamientos en los territorios ocupados. En ese orden de ideas, los palestinos no pueden aceptar esa clase de propuestas por la sencilla razón que imposibilita la puesta en marcha de un Estado palestino, de lo contrario estaría legitimando las políticas ilegales contra el pueblo palestino que son perfectamente condenables en virtud de las Resoluciones anteriormente mencionadas. Al final de la cumbre de Taba, no hubo razones para celebrar pues no se llegó a ningún acuerdo importante entre los representantes palestinos e israelíes.

♦ En febrero del 2002, Arabia Saudita lanzó una iniciativa global para la búsqueda de una solución pacífica e integral con el objetivo de resolver el conflicto árabe-israelí. Esa iniciativa fue bautizada como el Plan de paz Saudí y en su esencia propone la normalización de las relaciones en todos los niveles entre Israel y los países árabes a cambio de que el Estado judío se retire hasta las fronteras establecidas, inmediatamente antes de la guerra de 1967. Esto incluía los Altos del Golán de Siria, Jerusalén Oriental,

Por Kassem Asmar Castellanos

Cisjordania y la Franja de Gaza. No pasó mucho tiempo para que el primer Ministro israelí Ariel Sharón rechazara esa iniciativa pero lo más absurdo de todo es que dijo que le gustaría reunirse con los dirigentes sauditas para hablar sobre el tema. Un alto funcionario egipcio advirtió en ese entonces a Israel que no armaran engaños y trampas con el Plan Saudí al enfocarse solamente en el aspecto de las relaciones con los países árabes debido a que el punto crucial y trascendental, son los territorios ocupados. De hecho que Israel una vez que tuvo conocimiento del plan saudí, propuso una reunión entre altos funcionarios de ambos países para normalizar las relaciones entre Arabia Saudita e Israel y como no podía ser diferente, el rechazo saudí a esa insinuación fue categórico.

♦ En el 2003, un esfuerzo compartido entre Estados Unidos, Rusia, la ONU y la Unión Europea encaminado en la búsqueda de una solución al conflicto palestino-israelí, terminó en la elaboración de un texto denominado "La hoja de ruta". Como se había visto en anteriores ocasiones, esta iniciativa pretendía impulsar el proceso de paz entre ambas partes en la necesidad de establecer un Estado palestino pero la pregunta que seguía sin ser resuelta era ¿bajo qué condiciones la administración norteamericana y el gobierno israelí concebían ese Estado palestino?

Fundamentalmente, el contenido de La hoja de ruta se resumía en aspectos como el compromiso que debían asumir los representantes palestinos en poner fin al terrorismo, redactar y aprobar una constitución Palestina, buscar conjuntamente una solución al tema de los refugiados y Jerusalén del Este, definir las fronteras y el problema de los asentamientos. Estos últimos puntos se sugirió que fueran abordados más adelante, es decir, ese plan seguía teniendo el mismo formato de las anteriores iniciativas en el sentido de que los puntos cruciales eran temas de constante aplazamiento pues en la hoja de ruta se habla de que Israel se compromete a congelar la construcción de más asentamientos en Cisjordania pero el punto fundamental sobre ese particular no es congelar los asentamientos judíos sino que Israel asuma un compromiso que va más allá, como el desmantelamiento de los mismos toda vez que el Estado sionista no debe pretender resarcir las constantes violaciones de la

Por Kassem Asmar Castellanos

legalidad internacional, aplazando su voluntad de seguir irrigando con más asentamientos en Cisjordania y por si fuera poco, en La hoja de ruta se toca ese preciso punto con mucha vacilación debido a que no muestra claridad de una voluntad seria israelí en cuanto a una solución claramente sensata en lo referente al futuro de esos asentamientos.

En esa hoja de ruta consideran que las manifestaciones palestinas mostradas en el año 2000 conocidas con el nombre de Intifada que básicamente se dio en contra de la ocupación israelí y de las medidas discriminatorias que desde hace muchos años vienen aplicando las autoridades de las fuerzas de ocupación, son manifestaciones que generan violencia. Ese punto de vista no es compartido por muchos países ya que la historia ha mostrado que es apenas normal que los pueblos que se sienten oprimidos por alguna forma de ocupación hostil, tengan el derecho de manifestarse. En la hoja de ruta se habla de una fase donde se tengan que definir unas fronteras provisionales para un próximo Estado palestino por lo tanto en ese punto las cosas tampoco cuadran ni siquiera para generar confianza por la sencilla razón que después de más de 20 años de negociaciones entre palestinos e israelíes, es absurdo hablar de fronteras provisionales. No deja de causar serias sospechas el contenido de este plan por su clara intención de dilatar el proceso y la poca claridad en precisar el trasfondo del plan.

Aunque el plan de La hoja de ruta preveía que en la última fase se abordarían los temas más difíciles como el referente a Jerusalén del Este, el trazado definitivo de las fronteras, los refugiados palestinos y los asentamientos judíos, llama poderosamente la atención que sobresale un común denominador como elemento coincidente entre todas las propuestas o planes de paz entre palestinos e israelíes y es el hecho de que los asuntos más importantes que afectan a los palestinos, siempre son temas que se posponen o se dilatan ¿coincidencias?, me resisto a creer que se trata de simples coincidencias, más bien es una clara demostración que los norteamericanos tratan de imponer una solución a rajatabla que termina por perjudicar a los palestinos y favorecer a Israel. Eso queda en evidencia en que durante tantos años de diálogos, se ha avanzado muy poco en lo relacionado con los puntos más importantes y mientras esa ecuación se mantenga así, no se puede hablar de una solución definitiva al conflicto.

Varios años después, el presidente norteamericano George Bush organizó un encuentro con muchos invitados y representantes de diversos países a finales del 2007 y ese encuentro fue llamado la Conferencia de Annapolis. Haciendo honor a la verdad, el marco publicitario y las expectativas que los funcionarios estadounidenses habían creado alrededor de esa cumbre, fue mucho más allá de cualquier acuerdo alcanzado. Los dos invitados principales fueron el primer Ministro israelí Ehud Olmert y el presidente de la autoridad nacional Palestina Mahmud Abbas. El compromiso que asumieron esos dos líderes fue el de redoblar esfuerzos para conseguir un acuerdo de paz que garantice un Estado independiente palestino con base a los postulados de La hoja de ruta. A los pocos días de finalizado este encuentro, Israel anunció la construcción de más asentamientos judíos en los territorios ocupados. Quedó demostrado que la doble moral del Estado sionista siempre se mantuvo en todas las conversaciones de paz con los palestinos.

El último encuentro formal entre destacados líderes palestinos-israelíes se pudo concretar a través de la intermediación del presidente estadounidense Barak Obama. En un clima en el cual predominó la desconfianza y la incertidumbre, el primer Ministro israelí Benjamín Netanyahu y el presidente de la autoridad nacional Palestina Mahmud Abbas se reunieron en Jerusalén con la presencia de la secretaria de Estado norteamericana Hillary Clinton en septiembre del 2010 y el comienzo de esos contactos no pudo ser peor ya que Netanyahu le comunicó a Abbas la intención de Israel de seguir con su política de construcción de más asentamientos judíos y la ampliación de muchos de los asentamientos existentes en los territorios ocupados donde, en este último caso, Israel pretende legitimarlos porque se trata de "crecimiento natural y demográfico de los asentamientos". Con ese abreboca fue recibido el líder palestino y sobra decir cuál fue la reacción de Abbas ante la postura cínica, ofensiva e insultante por parte del primer Ministro israelí. Por simple lógica, la reunión terminó con total ausencia de éxito.

En vista de la interminable y constante burla israelí reflejada en su falta de seriedad y voluntad en los diálogos de paz, Mahmud

Por Kassem Asmar Castellanos

Abbas reflexionó bastante acerca del tema y llegó a la conclusión que después de más de 20 años de reuniones con los más importantes dirigentes israelíes, se había llegado a un callejón sin salida y que la tan anhelada autodeterminación e independencia de los palestinos, se encontraba muy lejos de concretarse, por lo tanto los palestinos no encontraron más opción que presentar una solicitud formal a la Asamblea General de las Naciones Unidas para que acepte a Palestina como un Estado observador y no miembro permanente y pleno debido a que el líder palestino había intentado ese reconocimiento pleno como cualquier otro Estado pero la prueba no se había ventilado en la ONU por falta de consenso. Esta vez los palestinos querían asegurar algo que representase la antesala de lo que se podría llamar un Estado independiente y pleno. Cabe señalar que su aprobación puede estar acompañada de amplias posibilidades debido a que en la Asamblea General, no se permite el uso del veto tal como viene ocurriendo en el Consejo de Seguridad de la ONU. Antes de la reunión que se iba a dar en la ONU, el primer Ministro israelí Netanyahu propuso la reanudación de los diálogos con los palestinos "sin condiciones" para destrabar el proceso de paz, pero su imagen plagada de farsas y engaños no encontró ninguna respuesta.

En noviembre del 2012, la Asamblea General de las Naciones Unidas se reunió para dar comienzo a la votación acerca de la solicitud Palestina y esa solicitud fue aprobada por una abrumadora mayoría de 138 votos a favor y 9 votos en contra. Palestina fue aceptada como Estado observador no miembro de la ONU, paralelamente Israel dijo que esa medida iba a entorpecer los esfuerzos por buscar una solución al conflicto. Inmediatamente, el primer Ministro israelí Netanyahu divulgó un comunicado en el cual decía que Israel seguirá con su política de construcción de asentamientos judíos en la ribera Occidental y Jerusalén del Este.

¿Qué significado tiene para los palestinos que la ONU haya aceptado a Palestina como un Estado observador no miembro? En primer lugar esa Resolución apoya el legítimo derecho del pueblo palestino en su aspiración a un Estado palestino en virtud de la línea verde fronteriza establecida en 1.949, acatando las Resoluciones de las Naciones Unidas. Abbas había dicho antes del inicio de la votación que es un deber moral e histórico que la ONU respalde la creación de un Estado palestino, toda vez que hace 65 años ese mismo organismo había aprobado la creación del Estado de Israel. En este orden de contexto, el hecho que Palestina sea parte de la ONU significa, fundamentalmente, que los representantes palestinos tienen la facultad de participar en los diferentes debates de la Asamblea General. Adicionalmente, tendrán acceso a un órgano supeditado a la ONU como es la CPI (corte penal internacional) de la Haya donde los palestinos podrán ejercer el derecho de interponer las demandas que crean necesarias contra Israel.

Foto 7. Fuente AFP. *"A principios de agosto del 2013, se reanudaron las conversaciones de paz entre representantes palestinos e israelíes con la intermediación de Estados Unidos. Como en todas las reuniones anteriores; muchos apretones de manos y sonrisas"*

A decir verdad, esas son las razones de peso que tuvo Israel para impedir que Palestina fuese aceptada en la ONU. Antes de la votación, Abbas aclaró que la petición del pueblo palestino obedece a que el objetivo central es la consecución de una paz justa y que mejor que un garante de lujo como es la ONU. La inmensa mayoría de los representantes de la Asamblea General de las Naciones Unidas ovacionaron largamente las palabras del líder palestino.

Por Kassem Asmar Castellanos

La conclusión que se puede sacar después de examinar cada una de estas cumbres y cuyas conversaciones encaminadas a buscar un acuerdo de paz palestino-israelí hayan terminado en un claro fracaso, tiene dos componentes como causales permanentes; la falta de voluntad política y de compromiso serio por parte de Israel y el prolongado encubrimiento que los dirigentes y gobiernos Estadounidenses han mostrado con las tácticas engañosas de Israel. El mundo ya empezó a darse cuenta que lo que pretende Israel es alcanzar un acuerdo de paz pero a la misma vez apoderarse de los territorios ocupados y precisamente esas son las propuestas que obligan a que los palestinos no tengan otra opción que seguir rechazándolas, independientemente de cuantas reuniones y cumbres se sigan organizando.

La pregunta que muchas personas se hacen en diferentes lugares del mundo es, ¿Quién tiene la razón y quién está equivocado? La verdad es que los opresores pueden mentir, sin embargo no pueden cambiar los registros de los acontecimientos contemporáneos e históricos como solían hacer hace unas décadas, debido a que hoy en día la información está al alcance de todos y ahí está precisamente la respuesta al interrogante planteado.

El pueblo palestino no pierde la esperanza de ver a través de las ventanas y puertas de los territorios ocupados, un panorama libre de asentamientos y de soldados sionistas. Desde una perspectiva de racionalidad sana, tampoco se debe aceptar argumentos sionistas plagados de eufemismos como por ejemplo, cuando insisten en su versión que a través de unas escrituras sagradas de hace miles de años y dándoles la interpretación que más les conviene, llegan a la pobre conclusión y poco creíble tesis que palestina les pertenece, por lo tanto, concluiré esta obra con una famosa frase escrita hace más de 150 años:

"Los que niegan la libertad a otros, no la merecen para sí; porque bajo un Dios justo no pueden conservarla por mucho tiempo".

Abraham Lincoln

FUENTES

Foto 1. Mapa de los cambios geográficos de Palestina a raíz del plan sionista.

Foto 2. Imagen Contra los asentamientos judíos 26/04/2013 - *AFP*. Disponible en http://www.teinteresa.es/mundo/asentamientos-judios_1_908319982.html. Consultada (24.08.2013 | 20:15|)

Foto 3. Imagen sobre la construcción de asentamientos judíos. DAVID ALANDETE Jerusalén 27 FEB 2013 - 15:58 CET806. MENAHEM KAHANA (AFP). Disponible en http://internacional.elpais.com/internacional/2013/02/27/actualidad/13619 77114_876895.html. Consultada (25.08.2013 | 22:25|)

Foto 4. Imagen del polémico Muro de Cisjordania Viernes, 09 de Julio de 2004. (AFP). Disponible en http://www.elmundo.es/elmundo/2004/07/09/internacional/1089387925.h tml. Consultado en (26.08.2013 18:00)

Foto 5. Imagen de Sepelio REUTERS viernes 04 de junio de 2010. Disponible en http://www.lagaceta.com.ar/nota/381695/mundo/miles-personas-asistieron-al-funeral-activistas-turcos.html. Consultado en (Martes 20 de Agosto de 2013 | 01:10 |)

Foto 6. Imagen de unos palestinos que corren tras la explosión de gases lacrimógenos durante la Segunda Intifada, en agosto 2011, AFP. Disponible en 04/01/13 - 07:34 Internacionales http://www.prensalibre.com/internacional/Israel-palestinos-conflicto_0_841115983.html. Consultada (24.08.2013 |18:28|)

Foto 7. Imagen palestinos e israelíes intentarán lograr un acuerdo de paz en los próximos 9 meses AFP. Disponible en (miércoles 31/07/2013. Actualizado 16:45h). http://www.elmundo.es/elmundo/2013/07/30/internacional/1375212786.h tml. Consultada (22.08.2013 |23:00|)

www.ingramcontent.com/pod-product-compliance
Lightning Source LLC
Chambersburg PA
CBHW060311290526
45789CB00001B/479